जे सुशील

जे सुशील बीबीसी में लंबे समय तक काम करने के बाद फ़िलहाल अमेरिका में रह कर शोधकार्य कर रहे हैं। हिन्दी और अंग्रेज़ी के अख़बार-पत्रिकाओं में लगातार लेखन के साथ ही उन्होंने वीएस नायपॉल की किताब 'ए टर्न इन द साउथ' और एस हुसैन ज़ैदी की किताब 'माई नेम इज़ अबू सलेम' का हिन्दी अनुवाद किया है। उनका डिजिटल हिन्दी उपन्यास 'हाउस हसबैंड की डायरी' चर्चित रहा है। लेखन के साथ-साथ वह अपनी पार्टनर के साथ कम्युनिटी और परफ़ॉर्मेंस आर्ट भी करते हैं।

जेएनयू अनंत जेएनयू कथा अनंता

जे सुशील

प्रथम संस्करण: अक्टूबर, 2022

ISBN: 979-8-88815-337-6

© जे सुशील
मूल्य: ₹ 215

प्रकाशक: प्रतिबिम्ब, नोशन प्रेस का उपक्रम
संपर्क: नोशन प्रेस,
7, मांटिएथ रोड
एग्मोरे, चेन्नई, तमिलनाडु — 600008

JNU Anant JNU Katha Ananta
Memoir by Jey Sushil

भूमिका

जेएनयू यानी भारत की राजधानी दिल्ली में स्थित जवाहरलाल नेहरू विश्वविद्यालय स्थानवाचक संज्ञा ही नहीं, भाववाचक क्रियापद भी है। भाववाचक होने का पहला अर्थ है- व्यष्टि में समष्टि होना, बूंद में समंदर होना, बीज में खेत होना, बिन्दु में ब्रह्मांड होना। यह ऐसा ख़याल है जिसे धर्म और दर्शन की दुनिया में तो सदियों से माना जाता रहा है, विज्ञान ने भी अन्यान्य रूपों में स्वीकार कर लिया है। अंग्रेज़ी का सहारा लिया जाए, तो जेएनयू इंस्टिट्यूट से ज़्यादा एक इमोशन है और जेएनयू जैसे संस्थान पर लिखना इमोशनल यात्रा पर निकलना है। और यात्राएं कितनी भी भीड़ में हों, भीड़ के साथ हों, प्राय: व्यक्तिगत ही होती हैं। व्यक्तिगत से ही व्यापक बनती हैं, जिसे उर्दू में ज़ात से कायनात का सफ़र कहा जाता है, यानी पर्सनल टू यूनिवर्सल। आदि शंकराचार्य जब अहम को ब्रह्म कहते हैं, तो यही यात्रा कर रहे होते हैं और ठीक इसी तरह, जेएनयू अपने साथ कम या ज़्यादा, आंशिक या पूर्णकालिक जुड़े रहे व्यक्ति को नैसर्गिक रूप से यह अधिकार देती है कि वह कह और मान सके कि मैं ही जेएनयू हूं।

मेरा पुख़्ता यक़ीन है कि जे सुशील का यह संस्मरणात्मक अकाउंट जेएनयू से जुड़े रहे लोगों के लिए पुराने प्रेम को याद कर लेने जैसा सुख देगा, तो वहीं जेएनयू से नहीं जुड़े रहे लोगों के लिए वह खिड़की है, जो जेएनयू को छू लेने का एहसास देगी और बेबुनियाद नकारात्मक पूर्वाग्रहों, मिथ्या धारणाओं की धुंध को छांटने का काम करेगी।

यह जेएनयू अनुभव अपनी निजता में सुंदर हैं। यह नितांत व्यक्तिगत है, इसलिए प्रामाणिक है, क्योंकि हम-आप पूरे जीवन में एक ही इंसान को सबसे ज़्यादा जानते हैं, और वह है हम ख़ुद। यही व्यक्तिगत प्रामाणिकता उनके इस संस्मरणात्मक अकाउंट को महत्त्वपूर्ण बनाती है। मेरा मानना है कि दुनिया के सर्वश्रेष्ठ अनुभव व्यक्तिगत अनुभव ही होते होंगे, जैसे किसी क्लासिकल संस्कृत कवि ने कहा है कि आप चांद को कैसे देखते हो और वह आपको कैसा दिखाई देता है, अगर वही निजी भाव कविता या लेखन में आया, तो वह मौलिक भी होगा और प्रामाणिक भी।

मैं ख़ुद जेएनयू का फ़ेल्ड एस्पायरेंट रहा हूं, फिर मेरी स्कूलिंग के जूनियर सुधीर को जब जेएनयू में दाख़िला मिल गया, तो मुझे उसके एमए से पीएचडी तक के कई सालों के दौरान

अवैध रूप से जेएनयू को गाहे-बगाहे जी लेने का सुख मिल गया। सुधीर आजकल जेएनयू में ही राजनीति विज्ञान पढ़ाता है।

बहरहाल, भारत में कुछ ही ऐसे विश्वविद्यालय होंगे, जिनकी इंटेलेक्चुअल लिगेसी और आभा जेएनयू के समकक्ष होगी। ऐसे समय में, जब जेएनयू अपनी स्थापना से लेकर आज तक के इतिहास में प्रोपेगेंडा के बरक्स गरिमा, सर्वाइवल की सबसे बड़ी जद्दोजहद से गुज़र रहा है, ऐसे भावनात्मक पर्सनल अकाउंट की बहुत ज़रूरत है। जब सुशील ने फ़ेसबुक पर इसे लिखना शुरू किया, मैं इसके जादू में आ गया था। यह किसी भी मामले में इकहरा नहीं है, परतें हैं, पहली नज़र में पर्सनल लग सकने वाले क़िस्सों में धड़कता हुआ जेएनयू का कल्चर और धीरे-धीरे विकसित होती हुई सेंसिबिलिटी है।

दरअसल, जेएनयूपन का वह सुख अनिर्वचनीय सुख है, गूंगे का गुड़ है, तुलसीदास का वह अनुभव है कि आंखों के जुबान नहीं, जुबान के आंखें नहीं हैं, पर सुशील ने ऐसे सुखों और अनुभवों को शब्द दे दिए हैं। जैसे मिथक-कथा है कि प्रलय उपरांत एक चट्टान पर बैठकर मनु कथा सुना रहे थे, ऐसा लगता है कि भावों के सागर में सुशील पार्थसारथी रॉक पर बैठे जेएनयू की कथा सुना रहे हैं, पर हम पूरे दिल से उम्मीद करें कि प्रोपेगेंडा-काल में यह जेएनयू के प्रलयपूर्व की कथा नहीं है, सतत गाथा की तरह है। आमीन।

– डॉ. दुष्यंत
लेखक और फिल्ममेकर

क्यों लिखी गई यह किताब?

जवाहरलाल नेहरू यूनिवर्सिटी यानी जेएनयू के बारे में लिखना अपने जीवन के कम से कम सोलह-सत्रह सालों के बारे में लिखना है। यूं तो जेएनयू और मेरा आधिकारिक पढ़ाई का रिश्ता सिर्फ़ चार साल का रहा लेकिन 1998 की गर्मियों से लेकर अब तक मैं जेएनयू के साथ ही रहा हूं। मेरी ज़िंदगी का ताना-बाना इसी यूनिवर्सिटी के आस-पास बुना जाता रहा और चाहे-अनचाहे मैं यूनिवर्सिटी से जुड़ा ही रहा हूं। भले ही यह संबंध आधिकारिक न रहा हो लेकिन एक नाभि-नाल सा महसूस करता हूं इस कैंपस के साथ, जिसे मैं अब तक काट नहीं पाया हूं।

पिछले कुछ सालों में जिस तरह से जेएनयू को एक वैचारिक लड़ाई का अड्डा बनाया गया है, वह निहायत ही अनुचित है। इस वैचारिक लड़ाई का सबसे भयावह स्वरूप हम सबने वर्ष 2019 में देखा, जब कैंपस के बाहर के लोगों ने आकर जेएनयू के छात्रों पर हिन्सक कार्रवाई की। ऐसी घटना जेएनयू में पहले कभी नहीं हुई थी लेकिन जैसा कि कहते हैं, राजनीति बदलती है, तो राजनीति करने के तौर-तरीक़े भी बदलते हैं। इस हिन्सा का असर क्या होगा, वह हम आने वाले समय में देखेंगे लेकिन यह घटना जेएनयू के किसी भी पूर्व छात्र के लिए शर्म का ही सबब है कि यूनिवर्सिटी में मारपीट हो।

इस वैचारिक लड़ाई की शुरुआत 2016 में हुई, जब कन्हैया कुमार और उनके साथ जेएनयू के कुछ और छात्र नेताओं को गिरफ़्तार किया गया था। उस दौरान जब यह कैंपस विवादों के घेरे में आया तो मुझे पहले आश्चर्य हुआ, फिर उसने क्षोभ, दुख और गुस्से का रूप लिया और अंतत: यह नाराज़गी सोशल मीडिया पर उन पोस्टों के रूप में निकली, जो आज एक अलग कलेवर में, किताब की शक्ल में पेश है।

मैंने फ़ेसबुक पर इन पोस्टों को लिखना इसलिए शुरू नहीं किया था कि मैं जेएनयू का छात्र रहा हूं। इसलिए भी नहीं कि यूनिवर्सिटी को बदनाम किया जा रहा था और मुझे बुरा लग रहा था। मैंने यह लिखना शुरू किया क्योंकि मैं उन दोनों पक्षों से दुखी था जो या तो जेएनयू को सर्वकालिक महान विश्वविद्यालय करार दे रहे थे या फिर इसे वामपंथी, राष्ट्रविरोधी एजेंडा का गढ़ बता रहे थे। दोनों ही पक्षों की अतिवादिता से आजिज़ आकर मैंने कैंपस के बारे में वह सब लिखना शुरू किया, जो मैंने देखा, सुना और जाना है।

इसमें कैंपस का जीवन भी है, पढ़ने-लिखने की बातें भी हैं, भेदभाव भी है, राजनीति भी, और वह सब है जो जेएनयू ने सिखाया, औपचारिक रूप से भी और अनौपचारिक रूप से भी। मेरी पोस्टों पर दक्षिणपंथी और वामपंथी दोनों तरह के लोगों ने टिप्पणियां कीं और मात्र 72 घंटों में लिखी गई सौ से कुछ अधिक पोस्टों में किसी पर भी कोई न तो नाराज़ हुआ और न ही किसी ने अपशब्द लिखे, जबकि उस दौरान और अब भी जेएनयू से जुड़ी किसी भी बहस में आपको वामपंथी या मूर्ख करार देने में लोगों को कुछ ही मिनट लग रहे हैं। हालांकि पुस्तक में इन पोस्टों को इतना विस्तार दिया गया है कि उनका स्वरूप बहुत हद तक बदल गया है। अब ये जेएनयू की व्यापक तस्वीर पेश कर पा रही हैं। इसके लिए मैं जेएनयू से जुड़े और जेएनयू को पसंद करने वाले उन सभी लोगों की टिप्पणियों का शुक्रगुज़ार हूं, जिनसे मुझे अपने ही विश्वविद्यालय के अतीत के बारे में कई नई जानकारियां मिली हैं, जो इस पुस्तक में शामिल हुईं।

मैंने यह सोचकर लिखना शुरू नहीं किया था कि यह कोई सच्चाई है या यही अंतिम सच्चाई है। मैंने सिर्फ़ वही लिखा जो मैंने कैंपस के जीवन के बारे में देखा या महसूस किया। हो सकता है कि कुछ लोग इससे इतर भी महसूस करते हों लेकिन मोटे तौर पर दोनों पक्ष इस बात से सहमत थे कि जो मैंने लिखा, वह सच्चाई के क़रीब तो है ही और ये वे बातें हैं, जिन पर विवाद नहीं हो सकता है क्योंकि ये बातें जेएनयू में रहने वाले लोगों ने महसूस की थीं लेकिन कोई उसे शब्द नहीं दे रहा था।

इन पोस्टों को लिखने के दौरान मैंने बस यही महसूस किया कि कोई भूत है जो मुझ पर सवार है और मैं लिखे जा रहा हूं। मैं उन बहत्तर घंटों में चार या पांच बार उठा, या तो खाना खाने के लिए या फिर टॉयलेट के लिए। मैंने अपने जीवन में कभी भी किसी मुद्दे को लेकर ख़ुद को इतना पागल महसूस नहीं किया है। लिखने के बाद एक अजीब-सी शांति मिली कि मैंने अपने कैंपस के लिए कुछ किया है और अब मैं गर्व से कह सकता हूं कि मैं जेएनयू का छात्र रहा हूं। कैंपस ने मुझे जीवन में जो भी दिया, उसके एक हिस्से का क़र्ज़ उतारने की मेरी कोशिश रही इसे लिखने के दौरान। पुस्तक का आकार देने के लिए इसमें संपादन करते हुए अक्सर लगा कि मैंने अपने अंदर पैदा हुए उस प्रेत को आकार दिया है, ताकि पढ़ने वाले समझ सकें कि लिखने के पीछे एक कहानी है। एक ऐसे आदमी की, जो छोटी जगह से आता है और कैसे जेएनयू जैसी जगह उसके जीवन को बदल देती है, एक नई दृष्टि देती है।

आख़िर जेएनयू है क्या और क्यों पिछले कुछ सालों में इसे लेकर विवाद इतना बढ़ गया है? यह कोई ऐसा सवाल नहीं है, जिसका जवाब मुश्किल हो। खेल छवियों का है और जेएनयू

की छवि एक ऐसी यूनिवर्सिटी की रही है, जो वामपंथी विचारों से प्रभावित रही है और इससे कोई इनकार नहीं कर सकता है। 2014 में केंद्र में दक्षिणपंथी सरकार के आने के बाद से कैंपस में टकराव की संभावना बन रही थी लेकिन यह टकराव वैचारिक न होकर राष्ट्रवाद की आड़ लेकर गिरफ़्तारियों और कैंपस की स्पिरिट पर हमले की शक्ल में होगा, यह कम ही लोगों ने सोचा था।

कश्मीर की आज़ादी के नारों से लेकर, कंडोम गिनने जैसे दुष्प्रचार ने जेएनयू की छवि को आम लोगों के लिए धूमिल ही किया, जबकि कैंपस के छात्र और प्रोफ़ेसर्स जानते थे कि हर साल कश्मीर की आज़ादी को लेकर सेमिनार होते रहते हैं। इसके साथ ही यह भी सच है कि कैंपस में 'भारत तेरे टुकड़े होंगे' जैसे नारे पहले कभी नहीं लगे। यह अलग बात है कि उस घटना के इतने सालों बाद आज भी पुलिस यह पता नहीं लगा पाई है कि नक़ाब पहने किन लोगों ने वो नारे लगाए थे। हां, पुलिस ने कुछ छात्रों पर कई गंभीर आरोप लगाए; किसी पर कोई आरोप सिद्ध नहीं हुआ। जेएनयू की छवि अलबत्ता बेवजह ख़राब ज़रूर कर दी गई।

लेकिन क्या जेएनयू वैसा ही है, जैसा कि आपने टीवी चैनलों पर देखा है? क्या यह वाक़ई वामपंथियों का गढ़ है? क्या वाक़ई यहां राष्ट्रविरोधी गतिविधियां होती हैं या फिर यह दुनिया भर के अकादमिक शोधों का गढ़ है? मेरे हिसाब से दोनों ही बातें अतिरंजित हैं और सच इनके बीच में कहीं है। मैं आगे कुछ तथ्यों के ज़रिए जेएनयू की एक भूमिका आपके सामने रखता हूं, जिसके बाद कैंपस का जीवन आप पढ़ेंगे ही आगे पुस्तक में।

– जे सुशील

जेएनयू बनने की कथा

भारत के पहले प्रधानमंत्री के नाम पर बनी जवाहरलाल नेहरू यूनिवर्सिटी की स्थापना का बीज संसद में बोया गया था। 1965 में तत्कालीन शिक्षा मंत्री एम. सी. छागला ने राज्यसभा में यूनिवर्सिटी से जुड़ा बिल पेश किया, जिस पर हुई बहसों के बाद यह पारित हुआ 1966 में। क़रीब एक साल चली बहस के दौरान कुछ सांसदों ने यह भी कहा था कि यह यूनिवर्सिटी एक और यूनिवर्सिटी जैसी न हो और इसमें कुछ नया किया जाए। शायद यह एक बड़ा कारण था कि जेएनयू में मल्टीडिसिप्लीनरी रिसर्च पर ज़ोर दिया गया और भारतीय एवं विदेशी भाषाओं का एक पूरा केंद्र बनाया गया।

ऐसा कहा जाता है कि तत्कालीन प्रधानमंत्री नेहरू की गुटनिरपेक्ष आंदोलन को लेकर रही दृष्टि और समाजवादी वैचारिक दृष्टिकोण ने शुरुआती दौर में जेएनयू की दिशा निर्धारित की। कैंब्रिज में पढ़े नेहरू शायद चाहते थे कि ऑक्सफ़ोर्ड और कैंब्रिज जैसी कोई विश्वस्तरीय यूनिवर्सिटी भारत में भी बने, जहां बहस को पूरी-पूरी जगह मिले और यहां भी छात्र अंतरराष्ट्रीय संबंधों के बारे में जानें और पूरी दुनिया में नाम करें। आगे चलकर जब गुट निरपेक्ष आंदोलन ही ख़त्म हो गया और नब्बे के दशक तक आते-आते सोवियत रूस का विघटन हुआ तो उसके साथ एक पूरी की पूरी वैचारिक पृष्ठभूमि भी नेपथ्य में चली गई।

विधेयक आने के तीन साल बाद 1969 में जेएनयू की स्थापना हुई। पहले वाइस चांसलर थे जी. पार्थसारथी, जिनकी याद में जेएनयू के बीचोंबीच की पहाड़ियों को पार्थसारथी रॉक्स के नाम से आज भी जाना जाता है।

दिल्ली के दक्षिणी हिस्से में पहाड़ों और जंगलों के बीच जेएनयू के लिए ज़मीन तय हुई और यूनिवर्सिटी बनने का सिलसिला शुरू हुआ। जब यूनिवर्सिटी शुरू हुई, तब इसका कैंपस मंडी हाउस के पास हुआ करता था, अब भी वहां गोमती गेस्ट हाउस है, जो जेएनयू से ही जुड़ा हुआ है। जेएनयू की लाइब्रेरी कनॉट प्लेस के पास सप्रू हाउस में हुआ करती थी। बाद में जल्दी ही कैंपस बेरसराय शिफ़्ट हुआ, जहां छात्रों ने अंतरराष्ट्रीय संबंध और अन्य विषयों में एमए की पढ़ाई शुरू की। मैं जब पढ़ने आया, तब बेरसराय को डाउन कैंपस कहा जाता था और वहां से नए कैंपस के लिए बस चला करती थी। फिर आगे चलकर सत्तर के दशक के उत्तरार्द्ध में कैंपस वहां शिफ़्ट हुआ, जहां आज है, बेरसराय के ही बग़ल में।

जेएनयू में बीए की पढ़ाई सिर्फ़ और सिर्फ़ विदेशी भाषाओं में होती है। बाक़ी के विषय एमए, एमफ़िल और पीएचडी के स्तर पर ही पढ़ाए जाते हैं। यूनिवर्सिटी मुख्य रूप से रिसर्च के लिए बनी थी, इसलिए बीए सिर्फ़ और सिर्फ़ विदेशी भाषाओं के रखे गए, क्योंकि विदेशी भाषाएं पढ़ने के लिए तब बाक़ी विश्वविद्यालयों में विकल्प कम ही थे।

जेएनयू में अरबी, फ़ारसी, जर्मन, रशियन, फ्रेंच, चीनी, जापानी, स्पैनिश और कोरियन भाषाओं में बीए-एमए-एमफ़िल-पीएचडी की पढ़ाई होती है, जबकि कुछ भाषाएं मसलन पुर्तगाली, इंडोनेशियाई, इटालियन, पश्तो आदि की पढ़ाई पार्ट टाइम होती है। कुछ साल पहले जेएनयू में हिब्रू भाषा की पढ़ाई भी शुरू हुई है। यह संभवत: भारत की पहली यूनिवर्सिटी है, जहां हिब्रू की पढ़ाई होती है।

भाषाओं से इतर जो केंद्र जेएनयू में अनूठा था, वह था अंतरराष्ट्रीय संबंधों का केंद्र। सत्तर के दशक में यह सेंटर सभी के लिए कौतुक का ही विषय रहा होगा क्योंकि तब और अब भी भारत के कुछेक विश्वविद्यालयों में ही अंतरराष्ट्रीय संबंध के विषय हैं। एमए के बाद इस केंद्र में अलग-अलग देशों और क्षेत्रों यानी कि एरिया स्टडीज़ पर शोध की व्यवस्था थी। इस केंद्र के सेंटर फ़ॉर इंटरनेशनल पॉलिटिक्स और डिप्लोमेसी जैसे सेंटर काफ़ी लोकप्रिय रहे, जहां अमिताभ मट्टू, कांति वाजपेयी, पुष्पेश पंत जैसे शिक्षकों ने छात्रों को पढ़ाया है।

हालांकि जेएनयू में जो सबसे मज़बूत केंद्र माना जाता है, वह सामाजिक विषयों का है, यानी राजनीति शास्त्र, समाजशास्त्र और इतिहास। इन तीनों ही विषयों के दिग्गज प्रोफ़ेसर जेएनयू में पढ़ाते रहे हैं। इन केंद्रों में पढ़ाने वाले शिक्षकों में इतिहासकार रोमिला थापर, बिपिन चंद्रा, मृदुला मुखर्जी, आदित्य मुखर्जी, समाजशास्त्री टी के उम्मेन, दीपांकर गुप्ता, राजीव भार्गव, सुदीप कविराज और प्रताप भानु मेहता के नाम प्रमुख रहे हैं। इनमें से ज़्यादातर आज की तारीख़ में या तो जेएनयू से रिटायर हो गए हैं या अलग-अलग कारणों से कैंपस छोड़ चुके हैं।

आज के समय में भी जेएनयू के सोशल साइंस के सेंटर भारत के अच्छे शिक्षा केंद्रों के रूप में जाने और माने जाते हैं लेकिन यहीं बात ख़त्म नहीं होती। जेएनयू में आगे चलकर विज्ञान के भी केंद्र खुले, जिसमें लाइफ़ साइंसेज़, इनवायरनमेंटल साइंसेज़, बायोटेक्नोलॉजी सेंटर और कंप्यूटर के सेंटर शामिल थे। इन सभी केंद्रों की पढ़ाई का स्तर ऊंचा ही रहा है। साइंस की पढ़ाई करने वाले छात्रों में से अधिकतर अपने रिसर्च के लिए विदेश का रुख करते हैं।

आगे चलकर जेएनयू में संस्कृत का केंद्र भी खुला, जिसने माइक्रोसॉफ़्ट के साथ मिलकर भाषा के क्षेत्र में काफ़ी काम भी किया है। सबसे हालिया खुलने वाले केंद्रों में मीडिया स्टडीज़ का केंद्र है, जिसके बाद अब इंजीनियरिन्ग और मैनेजमेंट के सेंटर भी खुले हैं।

कक्षाएं

आख़िर जेएनयू में ऐसा क्या पढ़ाया जाता है, जो बाक़ी विश्वविद्यालयों से अलग होता है? इसका जवाब यही हो सकता है कि जेएनयू में बाक़ी विश्वविद्यालयों से अलग कुछ भी नहीं पढ़ाया जाता है लेकिन जो पढ़ाया जाता है, वह ठीक से पढ़ाया जाता है। जेएनयू की ख़ास बातों में एक बात यह भी है कि चाहे दुनिया इधर की उधर हो जाए, जेएनयू में कक्षाएं कभी बंद नहीं होतीं। फिर चाहे कैंपस में कोई विरोध प्रदर्शन हो रहा हो या जुलूस निकल रहा हो। छात्र क्लास अटेंड करके विरोध प्रदर्शन में शामिल होने के लिए जाते हैं। कोर्स ख़त्म करना शिक्षक के लिए अनिवार्य है और इसका पालन किया जाता है, भले ही इसके लिए शिक्षक को अतिरिक्त कक्षाएं ही क्यों न लेनी पड़ें।

कक्षाओं में बहस आम बात है, जो इसे भारत के दूसरे विश्वविद्यालयों से अलग करती है। आप शिक्षक से अलग विचार रख सकते हैं और किताबें पढ़ कर अपने विचारों को मज़बूती प्रदान कर सकते हैं। इसके लिए शिक्षक आपको बेवजह कभी तंग नहीं करते हैं। कई बार कक्षाएं बहसों में निकल जाती हैं लेकिन ऐसा कम होता है कि शिक्षक किसी छात्र पर चिल्ला पड़ें। बहस किसी भी हद तक जाए, लोग आवाज़ तेज़ नहीं करते हैं।

असहमति एक ऐसा बिन्दु है, जिस पर जेएनयू ज़ोर देता है। जो अच्छे शिक्षक हैं, वे छात्रों से नए विचारों पर बहस करते हैं और सीखने की कोशिश भी करते हैं। हालांकि ऐसे शिक्षकों की संख्या कम हो रही है। जेएनयू में ऐसे आरोप ज़रूर लगते हैं कि वाम झुकाव वाले शिक्षक उन छात्रों को नंबर कम देते हैं, जिनका झुकाव दक्षिणपंथ की तरफ़ होता है लेकिन जेएनयू से कई दक्षिणपंथी छात्र भी अपनी पीएचडी करके अच्छे विश्वविद्यालयों में पढ़ा रहे हैं इसलिए इन आरोपों में थोड़ी-बहुत सच्चाई हो सकती है, पूरी नहीं।

अगर कक्षाओं से आगे बढ़ें, तो साइंस के लैब्स दिन-रात खुले रहते हैं और आपको इन कमरों में देर रात तक या सुबह-सुबह कोई टीचर या छात्र बैठा हुआ दिखेगा, अपनी परखनली के साथ प्रयोग करता हुआ। उनके जीवन में इन प्रयोगों से आगे कोई नहीं होता है और इन प्रयोगों में छात्रों के साथ प्रोफ़ेसर्स भी लगे रहते हैं। ऐसा नहीं है कि छात्र को काम पकड़ा कर प्रोफ़ेसर कहीं और चला जाए। चूंकि विज्ञान में विचार से अधिक तथ्यों पर बात होती है, तो बहस की गुंजाइश कम और प्रयोग की गुंजाइश हमेशा ही अधिक बनी रहती है।

आवासीय कैंपस

जेएनयू का आवासीय परिसर होना भी उसे ख़ास बनाता है। क़रीब हज़ार एकड़ में फैले जेएनयू में कई छात्रावास बने, जो लड़के और लड़कियों दोनों के लिए ही थे। इन छात्रावासों के नाम नदियों पर रखे गए, मसलन गंगा, गोदावरी, झेलम, सतलुज, ब्रह्मपुत्र, नर्मदा। कह सकते हैं कि जेएनयू कैंपस में ढेर सारी नदियां बहती हैं, जिसमें अलग-अलग राज्यों का पानी छात्रों के रूप में रहता है।

जेएनयू में इस समय दस से अधिक छात्रावास हैं और सभी के नाम नदियों पर ही हैं। कैंपस में घुसते ही गंगा, झेलम और सतलुज छात्रावास, जिसमें से गंगा लड़कियों का और बाक़ी दोनों लड़कों के छात्रावास हैं। हालांकि एक ज़माने में गंगा लड़कों का छात्रावास हुआ करता था। आगे बढ़ने पर कावेरी, पेरियार और गोदावरी सड़क के एक तरफ़ और दूसरी तरफ़ नर्मदा। गोदावरी लड़कियों का छात्रावास है, जबकि नर्मदा में सिर्फ़ बीए और एमए के बच्चे ही रह सकते हैं। नर्मदा हॉस्टल के कमरे कैंपस में सबसे बड़े कमरों वाले हॉस्टल हैं। इसके आगे साबरमती, तासी, कोयना, माही-मांडवी, लोहित हॉस्टल हैं।

इनमें से तासी, कोयना, माही-मांडवी और लोहित 2004 के आसपास और उसके बाद बने हैं। आगे और भी हॉस्टल बनने की योजना बताई जाती है। इसके अलावा कामकाजी छात्राओं के लिए यमुना छात्रावास भी है और कैंपस के दूसरे कोने पर ब्रह्मपुत्र और महानदी छात्रावास हैं। ब्रह्मपुत्र छात्रावास मूलत: पीएचडी वालों के लिए है, जो बिलकुल जंगल की नीरवता में रिसर्च में ध्यान लगाना चाहते हैं। महानदी शादीशुदा छात्रों-छात्राओं का हॉस्टल है।

इन छात्रावासों में से साबरमती, तासी और लोहित छात्रावास में छात्र-छात्राएं दोनों रहते हैं। एक विन्ग छात्रों का और दूसरा छात्राओं का, यानी खाने की जगह और टीवी देखने की जगह सबकी एक होती है। यह भी एक अनोखी बात मानी गई है जेएनयू की, जहां छात्र-छात्राएं एक हॉस्टल में रह सकते हैं।

हालांकि पुरुष छात्रों को छात्राओं के विन्ग में जाने की अनुमति नहीं है लेकिन छात्राएं पुरुषों के विन्ग में अपनी मर्ज़ी से आ-जा सकती हैं। उस पर मनाही नहीं है। आवासीय होने के कारण जेएनयू का अपना एक अलग चरित्र बना है। कैंपस एक घर की तरह है,

जहां लगभग लोग एक-दूसरे को जानते-पहचानते हैं। यह बात जेएनयू को डीयू (दिल्ली यूनिवर्सिटी) या किसी भी ऐसे कैंपस से अलग करती है, जो आवासीय नहीं है।

अगर विश्वविद्यालय में कोई समस्या आ जाए, तो एक साथ हज़ारों बच्चे खड़े हो जाते हैं। छात्रावास के मेस के बारे में जितना बताया जाए, उतना कम है। मेस यानी खाने की जगह। मेस में अच्छा खाना मिलता है और मेस के पैसे का हिसाब-किताब भी छात्र ही रखते हैं। हर दो महीने के लिए एक छात्र मेस सेक्रेटरी होता है, जो एक स्थायी मैनेजर के साथ काम करता है और तय करता है कि दो महीने का मेन्यू क्या होगा और कितना सस्ता मेस का बिल होगा। यह व्यवस्था भी अनोखी है क्योंकि इस काम से मैनेजमेंट और वित्तीय हिसाब-किताब में कई छात्र दक्षता हासिल कर लेते हैं। मेस सेक्रेटरी का चुनाव हॉस्टल के छात्रों द्वारा ही किया जाता है।

जेएनयू के विरोध में एक बात यह भी उठी थी कि विश्वविद्यालय की सब्सिडी पर बच्चे पलते हैं। कम से कम मेस बिल में कोई सरकारी सब्सिडी नहीं होती है। हर महीने का एक निर्धारित बिल आता है, जो हर छात्र देता है। हालांकि बिल कम आता है और उसका कारण यही है कि मेस छात्र खुद मैनेज करते हैं। जहां तक सब्सिडी की बात है तो फ़ीस में सब्सिडी मिलती है और अगर उच्च शिक्षा में यह सब्सिडी न मिले, तो ग़रीब बच्चों का पढ़ना मुहाल हो जाएगा। हॉस्टल में काम करने वाले कर्मचारियों की तनख़्वाह यूनिवर्सिटी देती है तो उसे सब्सिडी कहा जा सकता है लेकिन यह कहना ग़लत है कि बच्चों के खाने का पैसा यूनिवर्सिटी देती है।

रैगिन्ग

कई लोग अक्सर यह पूछते हैं कि जेएनयू में एडमिशन के बाद रैगिन्ग कितनी हुई और कैसे होती है रैगिन्ग? उनको यह जानकर बेहद निराशा होगी कि जेएनयू में कभी किसी की रैगिन्ग नहीं हुई है। जब पूरे देश में रैगिन्ग आम बात थी, जेएनयू में रैगिन्ग जैसी कोई चीज़ थी ही नहीं। जेएनयू का कोई भी छात्र यह नहीं कह सकता कि उसे किसी भी स्तर पर रैगिन्ग का सामना करना पड़ा है।

कैंपस का माहौल ही ऐसा है कि कोई रैगिन्ग के बारे में सोच भी नहीं सकता। यहां एडमिशन के लिए आने के साथ ही सीनियर हर जूनियर की मदद में लग जाते हैं। अगर हॉस्टल न मिले तो कोई न कोई सीनियर अपने कमरे में ठहरने की व्यवस्था कर देता है, ताकि बाहर कमरा लेकर न रहना पड़े।

आप किसी सीनियर के कमरे में रह भी रहे हों तो आपसे सीनियर का कोई काम करने को कहा नहीं जाता है। आप अपना काम करें। कमरे में ठीक से रहें। सीनियर-जूनियर के नाम पर किसी तरह का भेदभाव जेएनयू में नहीं देखा जाता है। शायद ही किसी ने जेएनयू में इस तरह की बात भी सुनी हो कि कोई सिर्फ़ इसलिए चुप रहा क्योंकि वह जूनियर है।

यह बात सुनने में अनोखी भले ही लग रही हो लेकिन जेएनयू में ऐसा ही होता है।

एडमिशन

जेएनयू में एडमिशन होना आसान नहीं माना जाता है और हर साल हज़ारों की संख्या में बच्चे अलग-अलग विषयों में प्रतियोगी परीक्षा देकर ही इस विश्वविद्यालय में पढ़ने आते हैं। यहां इस बात से कोई फ़र्क नहीं पड़ता है कि आपके ग्रेजुएशन में या इंटर में कितने नंबर आए हैं। नंबरों का एक निर्धारित प्रतिशत होता है, जिससे अहर्ता सुनिश्चित होती है। मसलन, पचपन प्रतिशत होने पर ही आप जेएनयू की परीक्षा दे सकते हैं।

इसके साथ एक और अलग बात है कि आप विज्ञान के विद्यार्थी होकर भी राजनीति विज्ञान या सामाजिक विज्ञान में एमए कर सकते हैं। मैं खुद बॉटनी ग्रेजुएट था लेकिन मैंने जेएनयू से अंतरराष्ट्रीय संबंधों में एमए पूरा किया और फिर कूटनीति में एमफ़िल। जेएनयू इस मामले में वाक़्ई इंटर-डिसीप्लीनरी है। हालांकि रिसर्च में अलग-अलग संकायों का काम अलग है और उसमें इंटर-डिसीप्लीनरी रिसर्च कम ही हो पाता है लेकिन सैद्धांतिक तौर पर एंट्रेस देने से आपको कोई नहीं रोक सकता और न ही दूसरे विषय पढ़ने से।

एडमिशन की एक और ख़ासियत है स्पेशल नंबर्स की, जैसे अगर आप भारत के पिछड़े राज्यों या ज़िलों से हैं तो उसके लिए कुछ ग्रेस मार्क्स मिलते हैं। यही कारण है कि जेएनयू में उड़ीसा के कालाहांडी, बिहार, आंध्र प्रदेश, राजस्थान और हिमाचल के सुदूर ग्रामीण इलाक़ों के छात्र भी पढ़ने आ पाते हैं। बीए और एमए में कई छात्र ऐसे होते हैं, जो पहली बार अपने गांवों से दिल्ली आ रहे होते हैं।

एडमिशन की यह प्रक्रिया जेएनयू के चरित्र को बहुत प्रभावित करती है। जेएनयू की पूरी सोच जो अकादमिक तौर पर और सैद्धांतिक तौर पर एक ग़रीब समर्थक विश्वविद्यालय की है, उसकी सबसे ज़रूरी कड़ी यह एडमिशन प्रक्रिया है। भारत में कोई और विश्वविद्यालय इस तरह के ग्रेस मार्क्स नहीं देता है। ताज़ा जानकारी के अनुसार, ग्रेस मार्क्स की यह व्यवस्था अब एमफ़िल और पीएचडी में ख़त्म कर दी गई है लेकिन बीए और एमए के एडमिशन में ये मार्क्स दिए जाते हैं।

इसके अलावा जेएनयू की प्रवेश परीक्षा उन बाईस भाषाओं में दी जा सकती है, जो संविधान की आठवीं अनुसूची में हैं। मतलब आप हिन्दी ही नहीं, मराठी, तेलुगू, तमिल में भी परीक्षा दे सकते हैं। पहले यह संख्या सोलह थी, जो अब बढ़ कर बाईस हो गई

है क्योंकि संविधान की आठवीं अनुसूची में अब बाईस भाषाएं आ गई हैं। हालांकि एडमिशन के बाद आपसे अपेक्षा होती है कि आप अंग्रेज़ी सीख लें और फिर आगे के पर्चे अंग्रेज़ी में लिखें।

यूनिवर्सिटी में आने वाले छात्रों में अंग्रेज़ीदां छात्रों से लेकर निपट देहाती छात्र तक शामिल होते हैं और कोशिश होती है कि दोनों अपने-अपने अनुभवों से विश्वविद्यालय को और बेहतर बनाएं और ऐसा वाक़ई होते देखा जाता है। कुछ सालों में ही कभी अंग्रेज़ी न बोल पाने वाले छात्र अंग्रेज़ी में पर्चे लिखते हैं और विदेशों में पेपर पढ़ने जाते हैं। यह जेएनयू के माहौल का ही असर होता है कि धनी से धनी परिवारों के बच्चे भी वैसे ही रहते हैं, जैसे कोई ग़रीब छात्र।

बहस का माहौल, ढाबा संस्कृति और राजनीति

जेएनयू की लोकप्रियता की सबसे बड़ी वजह जेएनयू की संस्कृति है, जिससे कई बार लोग असहज भी हो जाते हैं लेकिन जैसे-जैसे लोग जेएनयू को जानने-समझने लगते हैं, असहजता ख़त्म हो जाती है।

जेएनयू बनने के समय ही कोशिश हुई थी कि इस कैंपस में विचारों को बड़ा स्थान दिया जाएगा और विचारों का अर्थ ही होगा कि बहस संभव हो सके। व्यापक स्तर पर देखा जाए तो इसे आप सनातन धर्म से भी जोड़ सकते हैं, जिसमें शास्त्रार्थ की परंपरा थी, बहस की गुंजाइश थी और असहमति के स्वर को सम्मान दिया जाता था।

जेएनयू में ये बहस किसी भी मुद्दे पर संभव होती थी। शुरुआती दौर में यानी सत्तर के दशक में जिस मुद्दे पर सबसे अधिक अकादमिक बहसें होती थीं, वह गुटनिरपेक्ष आंदोलन का मसला था और बाद के समय तक इस मुद्दे पर ख़ूब किताबें भी जेएनयू के प्रोफ़ेसरों ने लिखी हैं। हालांकि बाद में गुट निरपेक्ष आंदोलन की प्रासंगिकता ही ख़त्म हो गई लेकिन बहस की परंपरा ख़त्म नहीं हुई। चूंकि जेएनयू में अंतरराष्ट्रीय राजनीति का विभाग काफ़ी महत्त्वपूर्ण था, तो बहसों में लंबे समय तक अंतरराष्ट्रीय मुद्दे छाए रहे, जिसमें सोवियत-रूस अमेरिका की वैचारिक लड़ाई, फ़लस्तीनी राष्ट्र का मसला और नब्बे के दशक में आकर कुवैत युद्ध और इराक के मसलों पर कैंपस में हमेशा बहस के स्वर सुनाई देते रहे।

इन मुद्दों पर हर दिन पर्चे लिखे जाते रहे और बहसें होती रहीं लेकिन ऐसा नहीं है कि सिर्फ़ अंतरराष्ट्रीय विषयों पर ही बहसें होती हैं। घरेलू राजनीति में चाहे मुद्दा आरक्षण का हो या फिर राम मंदिर जैसे मुद्दे हों। जेएनयू में आंदोलन होते रहे हैं। पिछले कुछ वर्षों में जेएनयू के हॉस्टलों में सुविधाओं के अभाव को लेकर छोटे-मोटे आंदोलन हुए हैं लेकिन इस मुद्दे को बहुत जल्दी सुलझा लिया गया। आपातकाल और आरक्षण के मुद्दे पर जेएनयू ने आंदोलनों में हिस्सा लिया और सकारात्मक बहसों की पहल की।

जेएनयू ने आपातकाल का विरोध किया था। आपातकाल ख़त्म होने के बाद जब 1977 में चुनाव हुए तो प्रधानमंत्री इंदिरा गांधी चुनाव हार गईं। उन्होंने पद से इस्तीफ़ा तो दिया लेकिन जेएनयू के चांसलर पद पर वह बनी रहीं। जेएनयू के तत्कालीन छात्र संघ अध्यक्ष

सीताराम येचुरी के नेतृत्व में जेएनयू के छात्रों ने इंदिरा गांधी के घर पर धरना दिया और मांग की कि वह जेएनयू के चांसलर का पद छोड़ें। इंदिरा गांधी ने यह मांग मानी और चांसलर का पद छोड़ दिया।

आरक्षण के दौरान जेएनयू कैंपस दो भागों में बंट-सा गया। कुछ छात्रों ने आरक्षण की नीति का समर्थन किया और कई छात्रों ने इसका विरोध किया लेकिन कैंपस में कभी किसी के लिए अनबन जैसी कोई स्थिति नहीं बनी।

जेएनयू में विरोध का अर्थ सुचिंतित, सुपठित बहसें होती हैं। अगर कोई किसी मुद्दे पर असहमत है, तो उसे भी अपनी बात रखने का अधिकार है और दूसरा पक्ष अपने स्तर पर सामने वाले को समझाने की कोशिश करता है।

एक आवासीय यूनिवर्सिटी होने के कारण कैंपस का माहौल भी खुला-खुला है। यहां का गंगा ढाबा काफ़ी चर्चित रहा है क्योंकि यह रात के दो से तीन बजे तक खुला रहता है, जहां लड़के-लड़कियां सभी देर रात तक बैठकर गप्प लड़ाते हैं, बहसें करते हैं और चाय का आनंद लेते हैं। जेएनयू के महिला छात्रावासों में किसी भी तरह की कोई रोक-टोक नहीं है। सिर्फ़ एक रोक है कि कोई पुरुष महिला छात्रावासों के अंदर नहीं जाएगा। लड़कियां जब चाहें, अपने कमरे से बाहर आ-जा सकती हैं। कैंपस में घूम सकती हैं, जिससे चाहे बात कर सकती हैं, जो चाहे कर सकती हैं। जेएनयू की लड़कियां इस मामले में लड़कों से कम नहीं हैं। उन्हें कैंपस में वे सारे अधिकार हैं, जो लड़कों को हैं।

यही कारण है कि जेएनयू में लड़के और लड़कियों में एक अलग तरह का सामंजस्य है। घंटों गंगा ढाबे पर या पार्थसारथी रॉक्स पर लड़के-लड़कियों का झुंड बैठता है और क्लास में हुई किसी बहस को आगे बढ़ाता है, ताकि आने वाले समय में जब पर्चा लिखना हो तो सबकी समझ बेहतर हो सके। जेएनयू में ईव टीज़िंग या छेड़छाड़ की घटनाएं न के बराबर होती हैं। ऐसा इसलिए नहीं है कि कैंपस में गार्ड नियुक्त हैं, बल्कि इसलिए कि अगर कोई लड़का ऐसा करता पाया जाता है तो गार्डों से पहले कैंपस के छात्र ही ऐसे छात्रों को सीधा कर देते हैं। किसी भी लड़के के लिए किसी लड़की से बात करने की मनाही नहीं है। कोई किसी को पसंद करे, तो जाकर सीधे कह दे, कोई बुरा नहीं मानता है इस बात का। इस खुलेपन के कारण कई समस्याएं आसानी से अपने आप सुलझ जाती हैं।

अगर बात इससे न सुलझे तो इसके लिए जेएनयू में एक अलग व्यवस्था है, जिसे 'जीएसकैश' कहते हैं। इसके बारे में आगे विस्तार से बात करेंगे।

जेएनयू के इस खुलेपन को कई बार ग़लत रोशनी में भी दिखाने की कोशिश मीडिया में होती है लेकिन इन ख़बरों में ज़रा-सी भी सच्चाई नहीं होती है। जेएनयू मानता है कि संविधान के तहत भारत के हर नागरिक को 18 साल की उम्र के बाद यह हक़ है कि वह कानूनन जो भी उचित है, वह कर सकता है। जेएनयू में इस बात को काफ़ी तरजीह दी जाती है कि लड़कियां ख़ुद को सुरक्षित समझें। लड़कियों के हॉस्टल के वॉर्डन और बाक़ी प्रोफ़ेसर्स भी इस बात का काफ़ी ख़याल रखते हैं। हालांकि कभी-कभार इक्का-दुक्का घटनाएं भी होती हैं, जिससे जेएनयू प्रशासन सख़्ती से निपटता रहा है इसलिए ऐसी किसी भी घटना की जेएनयू में पुनरावृत्ति कम ही हुई है।

जेएनयू की संस्कृति में लड़कियों की इज़्ज़त करना तो लोग सीख ही जाते हैं, यह भी सिखाया जाता है कि जाति के नाम पर, धर्म के नाम पर या किसी भी और स्तर का भेदभाव किसी के साथ न हो। आरक्षण के बाद जातिगत भेदभाव कैंपस में थोड़ा तो बढ़ा है लेकिन यह अभी उस स्तर का नहीं है, जिस स्तर का जातिगत भेदभाव उत्तर भारत के बाक़ी विश्वविद्यालयों में देखने-सुनने को मिलता है। मतलब जेएनयू में कोई आपसे यह नहीं पूछेगा कि आपका पूरा नाम क्या है? नाम पूछने का यह जातिगत तरीक़ा उत्तर भारत के कई विश्वविद्यालयों में आम है।

जेएनयू में चुनावों के दौरान ज़रूर कुछ दल जातिगत आधार पर चुपके-चुपके वोट मांगते हैं लेकिन ऐसे प्रत्याशी लगातार हारते रहे हैं। जेएनयू में मुस्लिम समुदाय, दलित समुदाय के छात्र संघ अध्यक्ष हुए हैं लेकिन कैंपस के अंदर उन्हें उनके धर्म या जाति के आधार पर भेदभाव का सामना कम ही करना पड़ा है। अगर किसी छात्र को शिकायत होती है, तो उस पर बाक़ी शिक्षक विचार करते हैं और उसका हल निकालने की कोशिश की जाती है।

जेएनयू के माहौल की एक और ख़ूबसूरती यह भी है कि कैंपस में भारत के कई राज्यों से बच्चे पढ़ने आते हैं। जब मैं पढ़ रहा था, तब उड़ीसा के बच्चों की संख्या सबसे ज़्यादा थी। इसके अलावा बिहार, राजस्थान, केरल, आंध्र प्रदेश, यूपी और हरियाणा से भी बड़ी संख्या में छात्र-छात्राएं इस कैंपस में आते हैं। और हां, पूर्वोत्तर के राज्यों से भी जेएनयू में आने वाले छात्रों की एक बड़ी संख्या होती है इसलिए यहां की मानसिकता व्यापक रूप से एक स्वरूप प्राप्त करती है। अलग-अलग संस्कृतियों के छात्रों के एक जगह पर मिलने के कारण वे एक-दूसरे को प्रभावित करते हैं और कई ग़लतफ़हमियां तो बातचीत से ही दूर हो जाती हैं। नॉर्थ ईस्ट के कई छात्र जेएनयू आकर धाराप्रवाह हिन्दी बोलने लगते हैं, इसी तरह कैंपस में आने के बाद हिन्दी पट्टी के छात्र एकाध साल में ही धारा प्रवाह अंग्रेज़ी में बात करने लगते हैं।

कैंपस का माहौल ऐसा है कि लोग एक-दूसरे से सीखते हैं। एक-दूसरे का सम्मान करते हैं और एक-दूसरे के बारे में ज़्यादा से ज़्यादा जानने की कोशिश करते हैं, जो उन्हें एक बेहतर इंसान बनने में मदद करता है। कैंपस में असहमतियों को दूर करने के भी कई तरीक़े हैं। उनमें से एक तरीक़ा है पर्चेबाज़ी का। कोई भी छात्र या छात्रों का संगठन पर्चे लिखकर छात्रावास में बांट सकता है। यह एक मज़ेदार प्रक्रिया होती है। आमतौर पर किसी ज्वलंत मुद्दे पर ये पर्चे लिखे जाते हैं और इन्हें बांटने का समय होता है ठीक लंच या डिनर से पहले। डिनर टेबल पर लगभग हर दिन एक पर्चा आना आम बात है।

यह पर्चा कैंपस से जुड़े किसी मुद्दे पर भी हो सकता है और राष्ट्रीय या अंतरराष्ट्रीय राजनीति से जुड़ा भी हो सकता है। आधे से अधिक छात्र मेस टेबल पर इन पर्चों के साथ खाना खाते हैं। डिनर टेबल पर ये पर्चे पढ़ने के बाद वे आगे की बहस भी करते हैं। कई बार चार या पांच पर्चे होते हैं तो छात्र डिनर के बाद ये पर्चे ले जाकर कमरे में पढ़ते हैं क्योंकि कई पर्चों में किताबों के रेफ़रेंस होते हैं, जो नोट कर लेने से रिसर्च में आसानी हो सकती है। जी हां, इसी तरह के पर्चे लिखे जाते हैं जेएनयू में, जिसमें बौद्धिक बहस हो और कुछ नया करने की कोशिश हो। अगर मुद्दा है 'जेएनयू में दुर्गा पूजा का विरोध' तो पर्चे में हिन्दू धर्म से जुड़े ग्रंथों के उल्लेख के साथ पर्चा लिखा जाएगा। इसका विरोध करने वाले दूसरे ग्रंथों और पुस्तकों का हवाला दिया जाएगा। ये बहसें पर्चों तक सीमित न रहकर डिनर टेबल तक पहुंचती हैं और हॉस्टल के कमरों तक भी।

छात्रों के बीच ये बहसें शायद ही कभी हाथापाई तक गई हों। किसी और मुद्दे पर बात भले ही बढ़ जाए लेकिन राजनीति के मुद्दे पर छात्र दो-ढाई घंटे की बहस करने के बाद एक साथ ढाबे पर जाकर चाय पी सकते हैं। जेएनयू के छात्रों को पता है कि इस बहस के ज़रिए वे कुछ सीखना चाह रहे हैं इसलिए ही बहस कर रहे हैं। कई बार बहसों में भी किताबों का ज़िक्र होता है, तो दूसरा पक्ष अगले दिन लाइब्रेरी जाकर उस किताब को पढ़ता है। जेएनयू में ज़्यादातर पढ़ाई इसी तरह होती है।

मसलन, जाति पर चल रही बहस में कोई एमएन श्रीनिवास के सिद्धांत का हवाला देते हुए अपनी बात को स्पष्ट करेगा और अगर सामने वाले को यह सिद्धांत रुचिकर लगा तो वह लाइब्रेरी में जाकर किताब खोजेगा और पढ़ेगा। कई बार अंतरराष्ट्रीय मामलों की बहस में कई ऐसे लेखकों का नाम नए छात्र सुनते हैं, जिनके बारे में उन्हें पता नहीं होता है। इन बहसों को सुनकर भी कई छात्र अपने सामान्य ज्ञान को बेहतर कर लेते हैं।

बहसों का दायरा लंच-डिनर टेबल से आगे आफ़्टर डिनर मीटिंग तक भी जाता है। अक्सर जेएनयू में डिनर के बाद हॉस्टलों में किसी चुने हुए विषय पर बोलने के लिए कैंपस के

प्रोफ़ेसर्स को बुलाया जाता है। ये विषय सोशियोलॉजी से लेकर, शिक्षा या अंतरराष्ट्रीय विषय तक हो सकते हैं। इनमें बोलने के लिए कैंपस के दिग्गज प्रोफ़ेसर भी होते हैं और कैंपस के बाहर के प्रोफ़ेसर भी, जहां वे अपनी बात रखने के बाद छात्रों के सवालों का जवाब भी देते हैं। ये आफ़्टर डिनर मीटिंग्स किसी क्लास से कम नहीं होतीं, जहां कई छात्र कॉपी-पेन लेकर बैठे दिख जाते हैं। पढ़ने का यह माहौल शायद ही किसी और यूनिवर्सिटी में देखने को मिले। इन आफ़्टर डिनर मीटिंग्स में बड़े-बड़े नेता और विचारक आते हैं और कई बार जेएनयू के छात्रों के कठिन सवालों से झल्ला भी जाते हैं लेकिन चूंकि यहां चिल्लाने या बकवास करने की स्थिति नहीं होती है, तो वे भी शांति से कई बार तर्क में कमी को मानते हैं।

जीएसकैश

जीएसकैश यानी जेंडर सेंसिटाइज़ेशन कमिटी अगेन्स्ट सेक्सुअल हरासमेंट। जेएनयू की यह कमिटी अपने आप में अनोखी थी। वर्ष 2017 यानी जब तक यह कमिटी थी, तब तक इस कमिटी के लिए छात्रों का चुनाव होता रहा, ताकि छात्र प्रतिनिधि भी आ सकें। बाद में कई और विश्वविद्यालयों में भी जीएसकैश जैसी कमिटियां बनीं, भले ही उनमें छात्र प्रतिनिधि न रहते हों। इस कमिटी का गठन 1997 में विशाखा बनाम राजस्थान सरकार के सुप्रीम कोर्ट में आए मामले के बाद 1999 में किया गया था। कार्यस्थलों पर महिलाओं के साथ दुर्व्यवहार रोकने के लिए सुप्रीम कोर्ट ने विशाखा गाइडलाइन्स या दिशा-निर्देश दिए थे, जिसके तहत हर कार्यस्थल पर सेक्सुअल हरासमेंट को रोकने के लिए कमिटी का गठन अनिवार्य था। हालांकि इसमें छात्रों के सेक्सुअल हरासमेंट को रोकने जैसी कोई व्यवस्था नहीं थी।

जेएनयू ने इन विशाखा गाइडलाइन्स पर विचार करके 1999 में ही इस कमिटी का गठन किया था, जबकि इसे बनाने के लिए यूनिवर्सिटी की कोई बाध्यता नहीं थी। इस कमिटी का उद्देश्य छात्रों के ख़िलाफ़ होने वाले यौन शोषण को कैंपस में ही रोकना था। शोषण को रोकने का यह अपने आपमें एक अनूठा उदाहरण था। इस कमिटी में न केवल शिक्षक होते थे, बल्कि चुनाव लड़कर छात्र भी इस कमिटी का हिस्सा बन जाया करते थे।

कैंपस के अंदर कोई भी छात्र किसी भी तरह के यौन शोषण या छेड़छाड़ का मामला कमिटी तक ले जा सकता था और कमिटी पूरी गंभीरता से इसकी सुनवाई करती थी। कई मामलों में छात्रों को सज़ा भी सुनाई गई थी। सज़ा कुछ समय के लिए कैंपस से बेदख़ल करने से लेकर रस्टिकेशन तक की रही। अत्यंत गंभीर मामलों में कमिटी पूरे मामले को पुलिस को भी सौंप देती थी।

इसमें छात्र प्रतिनिधि रखने के पीछे एक वजह यह भी थी कि छात्र खुलकर अपने साथ हुए अन्याय के बारे में बात रख सकें। इस कमिटी का फ़ायदा यह हुआ कि कैंपस में किसी भी तरह की संभावित छेड़छाड़ पर रोक लगी और छोटी-से-छोटी छेड़छाड़ की घटना रिपोर्ट हुई।

कई लोग यह कहते हैं कि जेएनयू में सबसे ज़्यादा छेड़छाड़ होती है, जबकि सच्चाई इसके उलट है। सच्चाई यह है कि जेएनयू में छेड़छाड़ की लगभग सभी घटनाएं रिपोर्ट होती हैं और उस पर आगे कार्रवाई भी होती है। जबकि हम सब जानते हैं कि पूरे भारत में छेड़छाड़ के मामले या तो रिपोर्ट ही नहीं होते हैं या रिपोर्ट होने के बाद दबा दिए जाते हैं। जेएनयू एकमात्र विश्वविद्यालय है, जहां छेड़छाड़ की आधिकारिक शिकायत यूनिवर्सिटी में एक अलग कमिटी से की जा सकती है।

शुरुआती दौर में कमिटी का कार्य अत्यंत प्रभावशाली रहा और स्टॉकिन्ग करने वाले कुछ छात्रों को कैंपस से निकाला भी गया। हालांकि बाद में राजनीतिक दलों की शह पर झूठे आरोप भी लगाए गए, जिन्हें जांच में ग़लत पाए जाने के बाद कमिटी की तरफ़ से आरोप लगाने वालों को डांट भी पड़ी।

वर्ष 2017 में इस कमिटी को भंग करके आईसीसी नाम की नई कमिटी बनी। आईसीसी यानी इंटरनल कम्प्लेंट्स कमिटी। इसे बनाने की वजह सरकार का 2013 में लाया गया वह नियम था, जिसके तहत हर यूनिवर्सिटी में जेंडर से जुड़े भेदभाव से निपटने के लिए एक आंतरिक कमिटी का होना अनिवार्य किया गया था। जेएनयू में इस पर लंबा विचार-विमर्श किया गया और फिर जीएसकैश की जगह आईसीसी का गठन हो गया। इसमें शिक्षकों के अलावा छात्रों का भी प्रतिनिधित्व होता है। देखने वाली बात यह रही कि जेएनयू एकमात्र यूनिवर्सिटी थी, जिसने 1999 से ही कैंपस में जेंडर को लेकर अपने छात्रों और शिक्षकों को सेंसिटाइज़ करने की शुरुआत कर दी थी।

AISF
ABVP
SFI
AISA
NSUI
2000

जेएनयू के चुनाव

जेएनयू के चुनाव अपने आपमें शायद देश के सबसे अनोखे छात्र चुनाव हैं। पिछले बीस से पच्चीस वर्षों में, जहां देश के कई विश्वविद्यालयों में छात्र चुनावों के दौरान हिन्सा हुई और छात्र राजनीति को लगभग-लगभग समाप्त कर दिया गया, जेएनयू में छात्र राजनीति मज़बूत होती रही और यहां के चुनाव (विश्वविद्यालय चुनावों को लेकर सुप्रीम कोर्ट में सुनवाई के समय को छोड़ दें तो) कभी भी बंद नहीं हुए। ऐसा होने के कई कारण हैं, जिनमें सबसे पहला कारण है कि जेएनयू के चुनाव देश के बाक़ी छात्र संघ चुनावों से बिलकुल अलग होते हैं।

जेएनयू छात्र संघ के चुनावों की निगरानी और आयोजन के काम में यूनिवर्सिटी प्रशासन का किसी भी प्रकार का कोई दख़ल नहीं होता है। चुनाव के लिए छात्रों के बीच में से ही एक चुनाव समिति का गठन होता है और इसमें उन्हीं छात्रों को रखा जाता है, जो राजनीतिक रूप से निरपेक्ष माने जाते हैं। अगर न हों तो भी वे चुनाव समिति का सदस्य बनते ही प्रेमचंद की कहानी 'पंच परमेश्वर' की भांति निरपेक्ष व्यवहार करते हैं। चुनाव समिति का प्रमुख शायद ही कभी किसी पार्टी से जुड़ा व्यक्ति बनता है।

यह चुनाव समिति चुनाव का सारा काम देखती है। आप समझ लीजिए कि यह जेएनयू का चुनाव आयोग होता है, जो चुनाव की तारीख़, प्रचार के तरीक़े, प्रचार के लिए जगहें तय करता है और चुनाव के दौरान हुई किसी गड़बड़ी का संज्ञान लेकर विभिन्न छात्र संगठनों को निर्देश भी देता है। नामांकन किस दिन होगा, कैसे होगा और उसके लिए क्या-क्या करना होगा, यह सब तय करना चुनाव आयोग का काम होता है और वह विभिन्न छात्र संगठनों से विचार-विमर्श के ज़रिए ये दिशा-निर्देश तय करता है।

ऐसा शायद ही कभी हुआ है कि किसी छात्र संगठन ने चुनाव आयोग के निर्देशों की अनदेखी की हो। जेएनयू के चुनावों में प्रिन्ट किए हुए पोस्टरों की मनाही होती है, यानी कि आप छापकर बड़े पोस्टर नहीं लगाएंगे। इसके पीछे अपनी तरह के तर्क हैं कि छात्र खुद बैठकर हाथ से पोस्टर बनाएं, अपना दिमाग़ लगाएं, ताकि कैंपस में कंप्यूटर या छापेखाने के ज़रिए ढेर सारा कचरा जमा न हो।

हाथ से डिज़ाइन किए हुए बड़े पोस्टरों का अपना एक अनुभव और एस्थेटिक्स भी होता ही है। ये पोस्टर वामपंथी संगठनों से लेकर दक्षिणपंथी संगठन सभी के छात्र बनाते हैं और इनके लिए पूरे कैंपस में अलग-अलग दीवारें तय की जाती हैं। कोई भी संगठन उस दीवार पर अपना चुनावी पोस्टर नहीं लगा सकता, जो दीवार उन्हें न दी गई हो। ऐसा करने पर चुनाव आयोग कार्रवाई करता है।

छोटे पर्चे, जिसमें ढेर सारा लिखा होता है, वे प्रिन्ट करने की अनुमति रहती है लेकिन चुनाव की बाक़ी सामग्री हाथ से बनाने पर ज़ोर होता है। जेएनयू में किसी पार्टी का झंडा लहराने जैसा काम भी नहीं होता है। हालांकि छात्र संगठन किसी न किसी पार्टी से जुड़े होते हैं लेकिन उस तरह से राजनीतिक हो-हल्ला नहीं होता, जैसा कि आम चुनावों में दिखता है।

चुनाव प्रचार हॉस्टलों में जा-जाकर होता है और चुनावी सभाओं के ज़रिए होता है। इन चुनावी सभाओं में पार्टियों के नेता आते हैं और आफ्टर डिनर बैठकों में अपनी बात रखते हैं। इन बैठकों में भी सवाल पूछने की आज़ादी होती है। कई बार कई वक्ता सवालों से परेशान भी हो जाते हैं, लेकिन जेएनयू में अगर किसी ने सवालों के ठीक जवाब नहीं दिए, तो चुनाव वहीं हारने की संभावना बढ़ जाती है।

सवालों की यह परंपरा चुनाव की रीढ़ है। हर पद के लिए चुनाव से पहले बहस का समय तय होता है और छात्र एक-दूसरे उम्मीदवार से सार्वजनिक रूप से बहस करते हैं। हालांकि यह बहस हर पद के लिए होती है लेकिन मुख्य बहस रहती है अध्यक्ष पद की, जो पूरे कैंपस के सामने देर रात होती है।

जेएनयू के प्रेसिडेंशियल डिबेट को अमेरिकी राष्ट्रपति चुनाव के दौरान होने वाले डिबेट की तरह देखा जा सकता है। हालांकि फ़ॉर्मेट काफ़ी अलग होते हैं। वह इसलिए कि अमेरिकी चुनाव में सिर्फ़ दो या तीन उम्मीदवार होते हैं, जबकि जेएनयू में पांच से छह उम्मीदवार भी चुनाव लड़ते हैं।

रात के नौ बजे से शुरू होने वाली इस बहस का आयोजन भी चुनाव आयोग ही करता है और हर उम्मीदवार को अपनी बात कहने और दूसरे उम्मीदवारों से दो-तीन सवाल और काउंटर सवाल करने होते हैं। ये सारी बहस खुले आसमान के नीचे पूरे कैंपस के सामने होती है। ऐसा कई बार हुआ है कि कोई कमज़ोर दिखने वाला उम्मीदवार प्रेसिडेंशियल बहस के दौरान अपनी बात इतने अच्छे तरीक़े से रखता है कि लोग उसे ही वोट देकर जिता देते हैं। इसका एक बड़ा और हालिया उदाहरण कन्हैया कुमार का है, जिन्होंने एआईएसएफ (ऑल इंडिया स्टूडेंट फ़ेडरेशन) की तरफ़ से अध्यक्ष पद का चुनाव लड़ा था। भारतीय कम्युनिस्ट

पार्टी यानी सीपीआई से जुड़ा यह छात्र संगठन जेएनयू में बहुत मज़बूत नहीं है लेकिन कन्हैया कुमार ने अपने डिबेट के प्रदर्शन से चुनाव जीत लिया था।

कन्हैया ऐसा करने वाले कोई अकेले उम्मीदवार नहीं थे, इससे भी बड़ा और यादगार क़िस्सा प्रोफ़ेसर आनंद कुमार का है, जो किसी राजनीतिक दल के उम्मीदवार नहीं थे। वह फ्री थिंकर्स नाम के एक ग्रुप से थे और उन्होंने प्रेसिडेंशियल डिबेट के दौरान जाने-माने सीपीएम नेता प्रकाश करात को हराया था। कालांतर में प्रकाश करात सीपीएम के महासचिव हुए और आनंद कुमार पढ़ने के लिए शिकागो विश्वविद्यालय चले गए। आगे चलकर आनंद कुमार जेएनयू के प्रोफ़ेसर पद से रिटायर हुए।

प्रेसिडेंशियल डिबेट के बाद का दिन प्रचार के लिए बंद रखा जाता है और उस दिन कोई राजनीतिक दल प्रचार नहीं कर सकता है। वोटिन्ग के दिन प्रचार होता है और वोटिन्ग अब भी पेपर बैलेट से होती है। ईवीएम यानी इलेक्ट्रॉनिक वोटिन्ग मशीन वाली व्यवस्था जेएनयू में शुरू नहीं हुई है।

वोटिन्ग के बाद मतगणना का एक अनोखा रूप यहां देखने को मिलता है। चूंकि पेपर बैलेट के कारण गणना में समय लगता है, तो बड़ी संख्या में छात्र गणनास्थल के पास जुटते हैं। वहीं रातभर मतगणना चलती है और बाहर हर पार्टी के छात्र बैठकर गाना-बजाना करते रहते हैं। जिस पार्टी का उम्मीदवार आगे रहा, उस पार्टी के छात्र नारे लगाते हैं। यह सब बिलकुल एक ही टैंट के नीचे होता है लेकिन कोई भी एक दूसरे पर आपत्तिजनक फ़बतियां नहीं कसता। साथ में चाय पीना और कुछ खाते-पीते रहना और वोटिन्ग की जानकारी मिलते रहना, एक तरह का राजनीतिक माहौल देता ही है कि आप एक ही छत के नीचे असहमति के बावजूद खुशी से रह सकते हैं।

छात्र चुनावों को लेकर जब लिंगदोह समिति की सिफ़ारिशें आई थीं, तो उसमें कहा गया था कि भारतीय विश्वविद्यालयों में अगर छात्रों के चुनाव का कोई आदर्श मानक है तो वह जेएनयू है। हालांकि बाद में जेएनयू के छात्रों ने लिंगदोह समिति की कई सिफ़ारिशों का विरोध किया। मसलन, तीस साल से अधिक उम्र के छात्र चुनाव नहीं लड़ेंगे। लिंगदोह की सिफ़ारिशें कैंपस में बहस के बाद मानी गईं लेकिन बाक़ी व्यवस्था वैसी ही रही जैसी पहले थी, यानी चुनाव का आयोजन अब भी छात्र ही करते हैं।

असहमति का एक और बड़ा उदाहरण सन 2000 के छात्र संघ चुनाव थे, जब अखिल भारतीय विद्यार्थी परिषद का उम्मीदवार पहली बार चुनाव जीता था, वह भी एक वोट से। जो लोग वामपंथी दलों को हिन्सक बताते हैं, वे यह सोच सकते हैं कि एक वोट से हारने

पर वामपंथी दलों ने उपद्रव क्यों नहीं किया? यही जेएनयू में असहमति की नींव है कि हार को भी गरिमा के साथ स्वीकार करना जेएनयू सिखा देता है।

जेएनयू में सक्रिय छात्र नेता अक्सर कैंपस से बाहर जाकर भी राजनीति में सक्रिय होते हैं। इनमें सीताराम येचुरी, प्रकाश करात, निर्मला सीतारमण, डीपी त्रिपाठी, मोहम्मद शकील ख़ान, नासिर हुसैन, अशोक तंवर, बत्तीलाल बैरवा का नाम प्रमुख रूप से लिया जा सकता है।

जेएनयू के छात्र संघ चुनाव भारतीय राजनीति को कितना प्रभावित करते हैं, यह एक बहस का विषय हो सकता है। जेएनयू में वाम दल राजनीति में हावी रहते हैं लेकिन कैंपस से बाहर वामपंथी दलों की ताक़त उतनी नहीं दिखती है और इसके कई विश्लेषण किए जा सकते हैं, जो पुस्तक में आपको आगे मिल जाएंगे।

हालांकि कैंपस में छात्रों के जीवन का एक महत्त्वपूर्ण हिस्सा है छात्र राजनीति लेकिन यही सब कुछ नहीं है। कैंपस के अस्सी प्रतिशत छात्र राजनीतिक रूप से जागरूक होते हैं और बीस प्रतिशत छात्र राजनीति में सक्रिय। राजनीतिक जागरूकता और राजनीतिक सक्रियता में अंतर को हम समझें, तो पाएंगे कि हर आदमी को राजनीतिक रूप से जागरूक होना ही चाहिए और यह कैंपस हर छात्र को राजनीतिक रूप से जागरूक करने का काम ज़रूर करता है, कि आपके आसपास क्या हो रहा है और क्यों हो रहा है? फिर आप अपना राजनीतिक फ़ैसला खुद लें, बिना किसी दबाव के।

एकेडेमिक्स

किसी भी विश्वविद्यालय का काम एक छात्र का सर्वांगीण विकास करना होता है लेकिन इसमें सबसे अधिक ज़ोर होता है एकेडेमिक्स यानी पढ़ाई-लिखाई पर। जेएनयू, चूंकि एक रिसर्च आधारित विश्वविद्यालय है तो यहां एकेडेमिक्स पर ज़ोर होना लाज़िमी है और ऐसा है भी।

जेएनयू के विभिन्न केंद्रों में अच्छी रिसर्च होती है। हालांकि कई लोग जेएनयू की तुलना में आईआईटी-आईआईएम का नाम लेते हैं लेकिन समझने वाली बात यह है कि सामाजिक विज्ञान के विषयों पर रिसर्च और आईआईटी-आईआईएम के रिसर्च में ज़मीन-आसमान का अंतर होता है। इसे फ़ैक्ट और वैल्यू की अवधारणा से समझा जा सकता है। मसलन, विज्ञान तथ्य है और सामाजिक विज्ञान मूल्य। विश्वविद्यालयों का शोध मानव जीवन के मूल्य तय करने में मदद करता है। वह बताता है कि तथ्यों को क्यों और कैसे सामाजिक हित में इस्तेमाल किया जाए।

स्कूलों में पढ़ाए जाने वाली इतिहास की किताबों के अधिकतर लेखक जेएनयू में अध्यापन कर चुके हैं, मसलन रोमिला थापर, बिपिन चंद्रा, मृदुला मुखर्जी। इसी तरह सामाजिक विज्ञान के क्षेत्र में कई नई अवधारणाओं की नींव रखने वाले शिक्षकों में भी जेएनयू के कुछ शिक्षक हैं। अंतरराष्ट्रीय संबंधों के मामले में जेएनयू के कई शिक्षक भारत सरकार से जुड़कर भी काम कर चुके हैं और अपना लोहा मनवा चुके हैं।

भारत सरकार में पिछले तीस से चालीस वर्षों में जेएनयू के कई छात्र महत्त्वपूर्ण पदों पर काम कर चुके हैं। ये पद प्रधानमंत्री के लिए कई मामलों में सलाह देने से लेकर नई योजनाओं के प्रमुखों के तौर पर भी हैं। 2015 में भारत के विदेश सचिव और बाद में विदेश मंत्री बने एस जयशंकर ने जेएनयू से एमफ़िल और पीएचडी की है। भारत के डिप्टी नेशनल सिक्योरिटी एडवाइज़र अरविन्द गुसा भी जेएनयू के छात्रों में से हैं। इसके अलावा आरबीआई के डिप्टी गवर्नर रहे हारून रशीद ख़ान, नीति आयोग के सीईओ अमिताभ कांत भी जेएनयू के ही छात्र रहे हैं। ऐसे अनगिनत नाम हैं अधिकारियों के, जिन्होंने जेएनयू से शिक्षा ली और सरकार में महत्त्वपूर्ण योगदान दे रहे हैं।

एकेडेमिक्स में जेएनयू के छात्र न केवल अध्यापन कार्य में जाते हैं, बल्कि बड़ी संख्या में अंतरराष्ट्रीय विश्वविद्यालयों में भी पढ़ने जाते हैं और आगे चलकर पढ़ाते भी हैं। विदेश जाकर पढ़ाई करने के मामले में बायोटेक्नोलॉजी, मास्टर ऑफ़ कंप्यूटर साइंस, एनवायरनमेंटल साइंस और लाइफ़ साइंस के बच्चों की संख्या बाक़ी विभागों से अधिक रहती है क्योंकि विज्ञान में रिसर्च के लिए विदेशों में ज़्यादा पैसा उपलब्ध है। नॉर्वे, डेनमार्क, स्वीडन, अमेरिका, ऑस्ट्रेलिया, जापान से लेकर दुनिया के हर कोने में जेएनयू के छात्र पढ़ाई या रिसर्च करते हुए मिल जाते हैं। हालांकि जेएनयू के विज्ञान से जुड़े विभागों के बारे में उतना लोगों को नहीं पता चलता है, जितना आईआईटी या आईआईएम के बारे में पता रहता है।

इसके पीछे एक कारण यह भी है कि भारत में शोध की परंपरा कम है। अधिकतर परिवार चाहते हैं कि उनके बच्चे इंजीनियर-डॉक्टर बनें और पैसा कमाएं। रिसर्च में किसी एमबीए ग्रेजुएट की तरह लाखों रुपये तो नहीं मिलते हैं लेकिन इतना अच्छा पैसा ज़रूर मिलता है कि कोई इज़्ज़त की ज़िंदगी जिए और अपने मन का काम कर सके। समाज में योगदान करने का एक बेहतरीन अवसर रिसर्च के क्षेत्र में मिल ही जाता है और इस काम में जेएनयू के छात्र काफ़ी आगे रहे हैं।

एकेडेमिक्स में सक्रिय न होने वाले कई छात्र भारत की सिविल सेवा परीक्षाओं में रुचि लेते हैं और कैंपस में छात्रों का एक तबका ऐसा होता है, जो सिविल सेवा की परीक्षाओं को अत्यंत गंभीरता से लेता है। इन परीक्षाओं के टॉप टेन रैंक में कई बार कैंपस के छात्र आ चुके हैं। इसमें लड़के-लड़कियां दोनों ही हैं।

जेएनयू के पुराने शिक्षकों का मानना है कि जो अपनी एमए, एमफ़िल या पीएचडी की पढ़ाई को लेकर गंभीर रहता है, उसके लिए यूपीएससी जैसी परीक्षाएं काफ़ी आसान हो जाती हैं। अमूमन देखा गया है कि सिविल सेवाओं में अच्छे रैंक लाने वाले छात्र अपनी पढ़ाई में भी आगे रहते हैं, राजनीतिक कार्यों में भी और कैंपस में हर तरह के कार्यक्रमों में भागीदारी करते हैं। आख़िर यूपीएससी में भी राजनीतिक और सामाजिक रूप से जागरूक बच्चों को ही रखा जाता है, ताकि वे देश को चलाने वाली एक महत्त्वपूर्ण इकाई को समझें और उस तंत्र को मज़बूत करें।

2017 में ही जेएनयू को राष्ट्रपति की तरफ़ से भारत की सबसे अच्छी यूनिवर्सिटी होने का अवॉर्ड दिया गया था। ये अवॉर्ड 2015 में भारत के विभिन्न विश्वविद्यालयों के बीच स्वस्थ प्रतिद्वंद्विता लाने के लिए गठित किए गए हैं।

हालांकि इन सब अच्छी बातों के बीच पिछले कुछ वर्षों में जेएनयू की एक नकारात्मक छवि बनाने की कोशिश की गई है। इसके पीछे एक तर्क दिया जाता है कि जेएनयू वामपंथियों का गढ़ है और वामपंथी ख़राब हैं या हानिकारक हैं। ऐसा कहने वाले या तो अकादमिक बहसों को जानते नहीं हैं या फिर इस बात को नहीं समझते हैं कि दुनिया के बेहतरीन विश्वविद्यालयों में कोई भी शोध, किसी भी तरह का रिसर्च कुछ बुनियादी मूल्यों के साथ ही होता है। ये बुनियादी मूल्य लोकतंत्र, समाजवाद, पूंजीवाद, मार्क्सवाद, पोस्ट मॉर्डनिज़्म और ऐसी कई तमाम अवधारणाएं होती हैं। अलग-अलग छात्र विभिन्न बुनियादों को बेस बनाकर अपनी रिसर्च करते हैं।

पूंजीवादी देश अमेरिका में पूंजीवाद की आलोचना सबसे अधिक विश्वविद्यालयों में ही होती है। जेएनयू में एक बड़ा शिक्षक वर्ग मार्क्सवाद को आधार बनाकर शोध की दिशा तय करता है लेकिन ऐसा नहीं है कि केवल यही शिक्षक वर्ग है। इसके अलावा भी शिक्षक हैं, जो भिन्न-भिन्न अवधारणाओं पर काम करते हैं और शोध करते हैं। दोनों ही पक्षों में बातचीत होती रहती है लेकिन एक बार को यह कहा जा सकता है कि मार्क्सवाद अस्सी और नब्बे के दशक में जेएनयू की रिसर्च को एक दिशा देता रहा है।

नब्बे के दशक में भूमंडलीकरण और निजीकरण के बाद इसकी आलोचना भी मार्क्सवादी धरातल पर हुई है लेकिन देखने वाला तथ्य यह है कि भूमंडलीकरण की आलोचना करने वाले जोसेफ़ स्टिगलिट्ज़ जैसे अर्थशास्त्री नोबेल प्राइज़ से सम्मानित होते हैं तो फिर भूमंडलीकरण की आलोचना करने वाले जेएनयू प्रोफ़ेसरों को वामपंथी कह कर ख़ारिज क्यों किया जाता है? इसके कई कारण हो सकते हैं और लोग अपनी सहूलियत से कारण खोज लेते हैं। जेएनयू के कई अन्य प्रोफ़ेसर भी अलग-अलग कारणों से भूमंडलीकरण की आलोचना करते हैं क्योंकि मार्क्सवाद के अलावा कई और बुनियादी सिद्धांत हैं, जिस पर यह काम हो सकता है। आम लोग मार्क्सवाद को एक साम्यवादी शासन से जोड़ कर देखते हैं, जबकि विश्वविद्यालयों में मार्क्सवाद पढ़ने और समाज को बेहतर करने की अवधारणा तक सीमित रहता है। विचारों को बेहतर करने की कोशिश होती है।

अमेरिका और यूरोप के विश्वविद्यालयों में तो लोकतंत्र से बेहतर क्या व्यवस्था हो सकती है, इस पर भी शोध हो रहा है। राष्ट्र की अवधारणा की आलोचना कोई नई बात नहीं है क्योंकि सनातन परंपरा में भी कहा गया है कि मनुष्य बहस करेगा, तभी बेहतर समाज का निर्माण होगा। क्या यह सवाल नहीं पूछा जाना चाहिए कि साम्यवाद, लोकतंत्र जो हम देख चुके हैं, वह कहां असफल है और कहां सफल है और उसके आधार पर किसी नई

व्यवस्था के बारे में सोचा जाए? विश्वविद्यालय यही सिखाते हैं और जेएनयू भी यही सिखाता है।

समस्या वहां होती है, जहां लोग यह कहने लगते हैं कि सिखाने और सीखने की सीमा हो। वह सीमा राष्ट्रवाद के नाम पर, वामपंथ के नाम पर या साम्यवाद के नाम पर तय की जा सकती है और यही किसी यूनिवर्सिटी के पतन की शुरुआत बनने लगता है। जेएनयू में अब तक ऐसा नहीं हुआ है और शायद यही कारण है कि लोग आज भी जेएनयू का नाम सम्मान से लेते हैं और यहां पढ़ पाने का सपना पालते हैं।

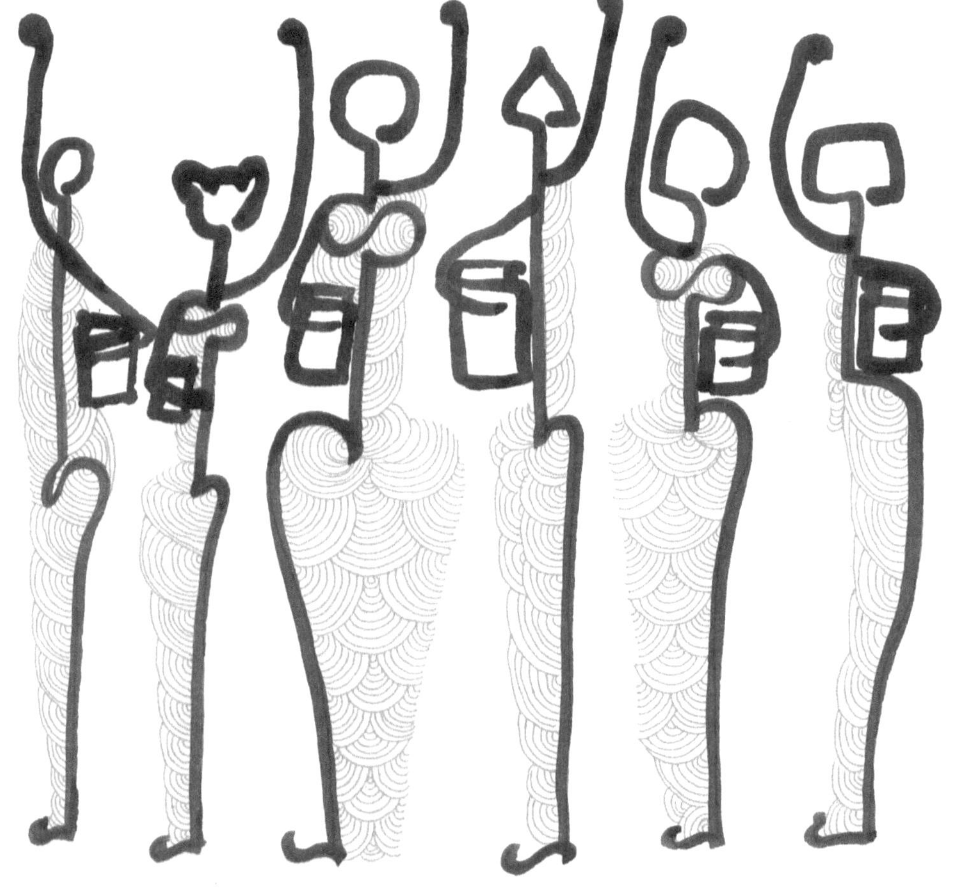

जो इन कथाओं का समय-काल जानना चाहते हों उनके लिए
जेएनयू की ये कथाएं जेएनयू के बनने से लेकर अब तक की हैं।
हालांकि मेरा समय काल जेएनयू में 1998 में शुरू हुआ।
मैंने वैध रूप से 2006 में कैंपस छोड़ दिया था
लेकिन कैंपस ने आज तक मुझे छोड़ा नहीं है।

मैं उन दिनों भारतीय जनसंचार संस्थान यानी आईआईएमसी में पत्रकारिता की पढ़ाई कर रहा था और यह कहने में मुझे संकोच नहीं है कि पत्रकारिता के नाम पर वहां जो भी पढ़ाया जाता है, वह औसत दर्जे का है। वहां के शिक्षक ऐसे लोग थे, जो पत्रकारिता में कुछ नहीं कर पाने के कारण प्रोफ़ेसर बने थे। उन्हें न तो छात्रों के सर्वांगीण विकास में कोई रुचि थी और न ही पत्रकारिता के ढांचे को बदलने में।

नब्बे का दशक ख़त्म हो रहा था और दुनिया नई सदी में क़दम रखने को तैयार थी। पत्रकारिता की दुनिया बदल रही थी। हर दिन नए टीवी चैनल आ रहे थे और हमारे जैसे छोटे-छोटे क़स्बों-शहरों से आए लोगों के लिए अख़बार के बड़े दफ़्तर, टीवी चैनलों के नए बनते हुए चमचमाते ऑफ़िस अबूझ पहेली जैसे थे। आईआईएमसी में कुछ भी ठीक से न सिखाए जाने का मलाल तो था ही, पर उसी कैंपस में जेएनयू के बच्चों की पढ़ाई देखकर यह कष्ट और बढ़ जाता था।

यह कष्ट सिर्फ़ मेरा नहीं था, आईआईएमसी में आने वाले क़रीब नब्बे प्रतिशत बच्चों का था और हममें से एक बड़ी आबादी डिप्लोमा लेने के बाद जेएनयू में पढ़ने के लिए प्रवेश परीक्षा पर विचार ज़रूर करती थी। कुछ लोग पास हो जाते, कई असफल हो जाते। पहली बार मैंने जब जेएनयू की परीक्षा दी, तो ज़ाहिर है कि फ़ेल हो गया। मेरी ज़िंदगी में पहली बार में कोई चीज़ शायद ही हुई हो।

जेएनयू में पढ़ने की इच्छा के पीछे कई सारे कारण थे। अगर ईमानदारी से कहा जाए तो दो कारण मेरे लिए सबसे महत्त्वपूर्ण थे। पहला- मैं जेएनयू में कम पैसे में पढ़ सकता था। दूसरा- जेएनयू के कई प्रोफ़ेसरों के लेख अख़बारों में पढ़ चुका था और कई बार उनको जेएनयू कैंपस में टहलते हुए छात्रों से बात करते हुए देखता तो मन में हूक उठती कि काश, कोई प्रोफ़ेसर हमसे भी ऐसे बात कर ले। ये शुरुआती दौर के कारण थे। धीरे-धीरे जैसे-जैसे जेएनयू को जानता गया, कारण बदलते गए। अच्छा पढ़ पाना, दुनिया को समझने की दृष्टि पा सकना, किताबों के बीच रहना और बेहतर मनुष्य हो पाने जैसे एब्स्ट्रैक्ट कारण मानस में जुड़ते गए लेकिन उन सबके लिए एकमात्र रास्ता उस समय जेएनयू में पढ़ने का ही दिखता था।

जेएनयू के बारे में कैंपस में आने से पहले मैं क्या जानता था! उस ज़माने में न तो इंटरनेट था और न ही टीवी का ऐसा जलवा, जो आज है। विश्वविद्यालयों के बारे में जानकारी सीमित थी और जो भी पता चलता, वह किसी ऐसे सीनियर से ही, जो किसी बढ़िया यूनिवर्सिटी में रहा हो। मैं जिस छोटी-सी जगह पला-बढ़ा था, वहां से हम दिल्ली आकर पढ़ने के बारे में सोच नहीं सकते थे। हमारी सोच जमशेदपुर से आगे उड़ीसा तक ही थी। छोटी जगह के लोगों के छोटे-छोटे सपने।

उड़ीसा में ग्रेजुएशन करते हुए अगर किन्हीं दो विश्वविद्यालयों का ज़िक्र सबसे अधिक सुना तो वे थे भुवनेश्वर स्थित उत्कल यूनिवर्सिटी और दिल्ली में जवाहरलाल नेहरू यूनिवर्सिटी यानी जेएनयू। उड़ीसा में किसी से यह पूछना अभद्रता मानी जाती थी कि जेएनयू में ऐसा क्या ख़ास है। जेएनयू को सर्वकालिक अच्छी यूनिवर्सिटी माना जाता था और यदा-कदा वहां पढ़ रहा कोई छात्र मिल जाता, तो हमारे कॉलेज के बाक़ी छात्र उन्हें घेरकर खड़े हो जाया करते थे।

जेएनयू की एक हवा थी। उस हवा में बहने की चाह सबके मन में यूं ही बस गई थी, ख़ासकर उन छात्रों के मन में, जो ग़रीब घरों के होते थे। आईआईएमसी में अप्लाई करने के पीछे एक कारण यह भी था कि यह कैंपस जेएनयू में था। उस समय मुझे पता नहीं था कि आईआईएमसी का जेएनयू से कोई लेना-देना नहीं है। हां, इतना ज़रूर था कि आईआईएमसी पहुंचने के लिए जेएनयू कैंपस से होकर गुज़रना पड़ता था। मेरी खुशक़िस्मती थी कि मेरी छोटी कॉलोनी से एक लड़का मुझसे पहले जेएनयू में पढ़ने आया था और उसने मुझे अपने कमरे में रहने की अनुमति दे दी थी। मैंने आईआईएमसी की नौ महीने की पूरी पढ़ाई जेएनयू में रह कर की और फिर दो साल बाद जेएनयू में आधिकारिक रूप से पढ़ने आया।

•••

दिल्ली में और ख़ासकर जेएनयू के कैंपस में रहते हुए पता चलता है कि जेएनयू का महत्त्व क्या है और क्यों है। आज जब चारों तरफ़ जेएनयू का नाम लेते ही आपको एंटी नेशनल, वामपंथी, देशद्रोही करार दिया जाता है तो एकबारगी हंसी आती है कि ऐसी बातें कहने वालों को असल में इल्म ही नहीं है कि जेएनयू आख़िर क्या है?

जेएनयू के बारे में कई सारी भ्रांतियों के बीच कोई इस बात से इनकार नहीं कर सकता कि सोशल साइंस ही नहीं, विज्ञान से जुड़े रिसर्च में भी जेएनयू का अपना एक मुक़ाम है। रिसर्च के क्षेत्र में जेएनयू के काम को देश-दुनिया में सराहा जाता रहा है। भले ही कैंपस के बारे में कोई कुछ भी बोले लेकिन पिछले कुछ वर्षों में, जब कैंपस को बदनाम किया गया, उस दौरान भी अकादमिक सूचियों में जेएनयू सबसे ऊपर रहा।

आख़िर ऐसा क्या है जेएनयू में, जो उसे एक अच्छी यूनिवर्सिटी बनाता है? क्या सिर्फ़ क्लासरूम, अच्छे प्रोफ़ेसर, अच्छा लैब या अच्छे हॉस्टल ही ज़िम्मेदार हैं या फिर कुछ और बात है यहां के कैंपस में, जो अलग-अलग पृष्ठभूमियों से आए छात्रों को एक बेहतर मनुष्य बनाती है? यह बता पाना मुश्किल है कि मैंने अपने प्रोफ़ेसरों से क्लासरूम में अधिक सीखा या फिर उनसे कैंटीन में चाय के कपों के बीच हुई गुफ़्तगू के दौरान।

जेएनयू को पसंद करने वाले कई लोग कहते हैं कि छात्रों को बेहतर बनाने और अकादमिक एक्सीलेंस में, जेएनयू का कैंपस, वहां के हॉस्टल की ज़िंदगी एक बड़ा फ़ैक्टर है लेकिन मेरे अपने अनुभव में इसके लिए बहुत सारी बातें ज़िम्मेदार हैं। अगर कैंपस ही मुख्य कारक होता तो जेएनयू से सुंदर कैंपस, कैंटीन और हॉस्टल आईआईटी में भी हैं। क्या हम कह सकते हैं कि अकादमिक सूचियों में आईआईटी का वही मुक़ाम है, जो जेएनयू का है? हालांकि दोनों की तुलना उचित नहीं क्योंकि जेएनयू रिसर्च बेस्ड यूनिवर्सिटी है और आईआईटी मूल रूप से रिसर्च बेस्ड यूनिवर्सिटी नहीं है लेकिन फिर भी कैंपस की बात है तो तुलना करने में कोई दिक़्क़त नहीं होनी चाहिए।

• • •

जेएनयू में मेरा पहला दिन जेएनयू के छात्र के तौर पर नहीं था। मैं आईआईएमसी के लिए इंटरव्यू देने आया था और बहुत बुरी तरह नर्वस था। इंटरव्यू के लिए जाते हुए मेरी शर्ट फट गई थी और मैं किसी तरह अपनी फटी शर्ट से झांकती कांख छुपाए वापस लौटा था इंटरव्यू से। डरा हुआ था। जिस दोस्त के साथ रुका था, वह कमरे में नहीं था। उसके रूममेट ने पूछा- "क्या हुआ, क्यों टेंशन में हैं आप?" मैंने कहा- "करियर का सवाल है।"

रूममेट ने कहा- "आराम से बैठिए और बताइए कि क्या-क्या सवाल पूछे गए और आपने क्या जवाब दिया, ईमानदारी से बताइए।" मैंने बिलकुल रटंत तोते की तरह सब बताया। सामने वाले ने गहरी सांस ली और बोला- "चलिए चाय पीने। आपका हो जाएगा, अगर आपने वही जवाब दिए हैं, जो मुझे बताए हैं।" यह बात उन्होंने इतने आत्मविश्वास से कही थी कि मुझे भी लगा कि मेरा एडमिशन हो जाएगा।

फिर वह ले गए टेफ़्लास में, जो वहां छात्रों के लिए एक रेस्तरां है। वहां मैंने पहली बार चाउमीन देखी। कॉलेज की कैंटीन भी वैसी, जैसी फ़िल्मों में होती है। उस रूममेट ने चाउमीन ऑर्डर की। मुझे लगा कि मैं किसी फ़िल्म में हूं। चम्मच से चाउमीन खाते हुए दिल में हूक उठी थी कि काश, मैं भी यहां पढ़ पाता। रूममेट के अंदर अपनी बात कहने को लेकर जो आत्मविश्वास था, वह अच्छी पढ़ाई से ही संभव था, यह मैं समझ चुका था। उस कमरे में किताबें करीने से रखी हुई थीं और वह बोलते हुए संयम और कन्विक्शन के साथ अपनी बात रखने में सक्षम था। मैं निश्चित तौर पर प्रभावित हुआ था।

इस घटना के दो साल के बाद मैं औपचारिक रूप से जेएनयू का छात्र बना।

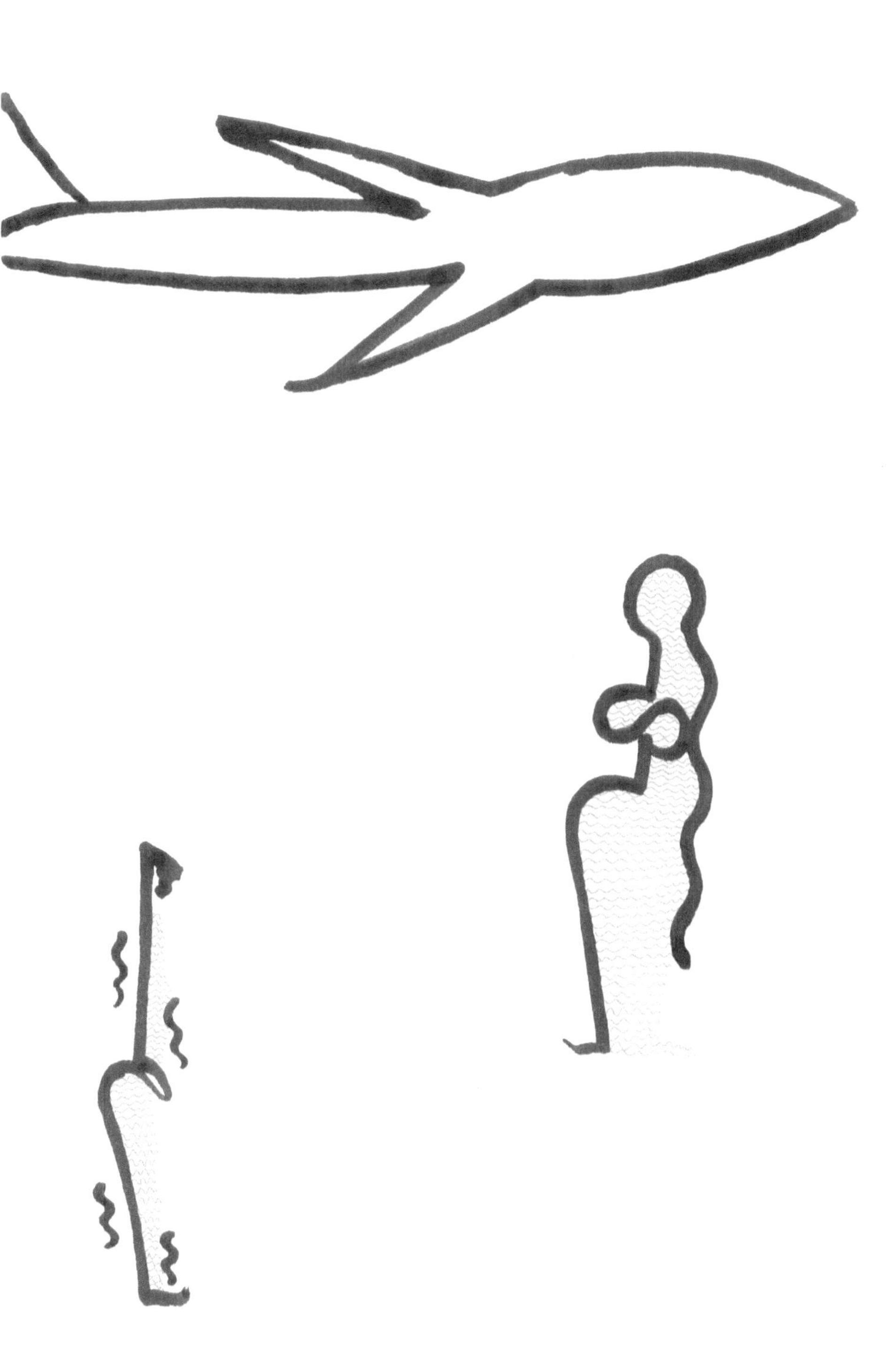

जेएनयू में पहली रात थी। नर्मदा हॉस्टल। कमरा नंबर 219। तेज़ आवाज़ हुई, तो नींद खुली। लगा भूकंप आया होगा। दोस्त को उठाया तो आँख मलते हुए बिना उठे बोला- "सो जाओ बे! एरोप्लेन जा रहा है।"

हवाई जहाज़ की लगातार आवाज़ के कारण मुझे नींद नहीं आ रही थी। उठकर टॉयलेट गया तो देखा, लड़कों के टॉयलेट में मेरे आगे-आगे एक लड़की भी घुसी। मैं उल्टे पांव कमरे में वापस लौट आया। दोस्त को फिर उठाया और बताया कि टॉयलेट में लड़की है। दोस्त ने फिर बिना उठे कहा- "अबे चुड़ैल होगी। टेंशन मत ले।" मुझे टॉयलेट जाने का तनाव था तो मैंने दोस्त को झकझोर कर उठा दिया। इस बार दोस्त मुस्करा कर बोला- "अरे, किसी की गर्लफ्रेंड होगी, टेंशन मत ले। चला जा। कोई बुरा नहीं मानेगा।"

यह सुनकर तब झटका लगा था लेकिन बाद में ये बातें सामान्य लगने लगीं।

• • •

मैं जेएनयू में अवैध रूप से भी रहा हूं। अवैध रूप से रहने का मतलब यह है कि आप अगर छात्र नहीं हैं, तो भी किसी कमरे में किसी मित्र के साथ रह रहे हैं। ऐसा करने वाले ज़्यादातर लोग वही होते थे, जो या तो जेएनयू से पढ़ाई पूरी कर चुके होते थे और नौकरी तलाश कर रहे होते थे। एकाध लोग मेरे जैसे थे, जो आईआईएमसी में पढ़ रहे थे और बाहर कमरा लेकर रहने में सक्षम नहीं थे। जेएनयू में पढ़ने वाले छात्र इस मामले में बड़े दिलवाले थे कि उन्हें दो लोगों वाले कमरे में तीसरे को रख लेने में अधिक आपत्ति नहीं हुआ करती थी। ऐसे ही एक दोस्त ने कहा कि हम दो हैं, तुम भी यहीं रह जाओ। मैंने आईआईएमसी का पूरा कोर्स जेएनयू में अवैध रूप से रह कर पूरा किया।

ऐसे लोगों को 'पिग' कहा जाता है। 'पिग' यानी 'परमानेंट इल्लीगल गेस्ट', जिसे कैंपस में सोने की जगह मिल जाए। रात में चेकिन्ग होती थी तो बालकनी से कूद कर कमरे से बाहर निकल जाइए। आठ-नौ महीने के प्रवास में एक बार कूदना पड़ा। कूद न पाए और पकड़े गए तो फ़ाइन लगता था लेकिन फ़ाइन भी कम किया जाता क्योंकि शिक्षकों को भी पता होता कि छात्र हैं और परेशानी में ही कैंपस में टिके हैं।

पीएचडी वग़ैरह करके शायद ही कोई अवैध रहता था क्योंकि आमतौर पर लोगों को नौकरियां मिल जाती थीं। फिर भी कोई ऐसा मिल जाए तो फ़ाइन ज़्यादा लगता था। जो भी हो जेएनयू में इस तरह से रहने का भी अपना आनंद था।

• • •

पत्रकारिता की पढ़ाई के बाद मैं साल भर तक नौकरी खोजता रहा। उस ज़माने में पत्रकारिता में नौकरियां थी नहीं और जो थीं, उसमें स्मार्ट लोगों के लिए बेहतर विकल्प थे। मैं दिल्ली में नया था। स्ट्रीट स्मार्ट नहीं था। सिर्फ़ नौ महीने की पत्रकारिता की पढ़ाई के बाद मेरे अंदर अपने ज्ञान को लेकर कॉन्फ़िडेंस भी बहुत कम था। साल भर में पत्रकारिता में लगभग-लगभग नकारा साबित होने के बाद मुझे समझ में आ गया था कि आगे बढ़ने के लिए मेरा और पढ़ना ज़रूरी है।

जेएनयू के लिए तैयारी करना आसान नहीं था। मैं बेरोज़गार था। मेरे पास रहने की जगह तक नहीं थी और न ही यह पता था कि किताबें कौन-सी पढ़नी होंगी। ऐसे में जेएनयू के ही एक सीनियर ने सलाह दी कि मुझे अंतरराष्ट्रीय संबंध की पढ़ाई करनी चाहिए और उसके लिए ग्यारहवीं-बारहवीं की इतिहास, नागरिक शास्त्र और अर्थशास्त्र की किताबों से शुरू करना ठीक होगा। किताबें भी उन्होंने ही दीं।

मैं चूंकि साइंस का विद्यार्थी रहा हूं तो मेरे लिए यह भी एक चुनौती थी लेकिन पत्रकारिता के कारण इतिहास में एक तरह की रुचि थी। इधर-उधर से कुछ और लोगों ने अपने नोट्स दिए। मैंने जमकर पढ़ाई की। भूखे रहकर, पेट पर गमछा बांधकर। मई की गर्मियों में बिना पंखे वाले कमरे में रहकर भी पढ़ता रहा कि किसी तरह जेएनयू में हो जाए।

उस समय परीक्षा में पांच सवाल लिखने होते थे, मुझे पांच ही आते थे। जेएनयू के सवाल अनूठे इस तरह से होते थे कि वे थोड़ा घुमाकर पूछे जाते थे और उम्मीद की जाती थी कि परीक्षा देने वाला अपने जवाब को सवाल के हिसाब से एडजस्ट करके जवाब दे सकेगा। मसलन, गांधी ने अंग्रेज़ों से लड़ने में अपने उसूलों का प्रयोग कैसे किया? इसका सीधा मतलब है कि गांधी जी ने अपने दो औज़ार सत्य और अहिन्सा का कैसे इस्तेमाल किया?

जेएनयू के सीनियर ने ही बताया कि सवाल दो-चार बार पढ़ कर समझ लेना चाहिए कि पूछा क्या जा रहा है और उसी हिसाब से जवाब देना चाहिए। यह तकनीक जेएनयू ही नहीं, किसी भी एंट्रेस परीक्षा के लिए कारगर हो सकती है।

• • •

मैंने जेएनयू की प्रवेश परीक्षा दो बार दी। पहली बार मुझे लगा यूं ही हो जाएगा। नहीं हुआ, फ़ेल हो गया। अगला साल आते-आते मैं सड़क पर था। किसी से उधार मांग कर फ़ॉर्म भरा था और मज़े की बात हुई कि एडमिट कार्ड नहीं आया। मैं भागा-भागा एक सीनियर के पास गया। वह थोड़ा राइट विन्ग वाले थे। बोले कि ऐसा करो प्रेसिडेंट के पास जाओ।

तब प्रेसिडेंट थे नासिर हुसैन एसएफ़आई के यानी कि स्टूडेंट्स फ़ेडरेशन ऑफ़ इंडिया, मार्क्सवादी कम्युनिस्ट पार्टी की छात्र शाखा। मैं दोपहर में उनके पास गया और रामकहानी सुनाई कि फ़ॉर्म भरा था। एडमिनिस्ट्रेशन वाले बोल रहे हैं कि इसके साथ चेक नहीं है, तो एडमिट कार्ड नहीं दिया जा रहा।

नासिर ने कहा कि आप दोपहर तीन बजे एडमिन ब्लॉक आ जाइए। मैं पैदल चल पड़ा। थोड़ी दूर चला तो पीछे से एक बाइक आई और कहा गया- "बैठो!" एडमिन ब्लॉक के पास नासिर ने मुझसे कुछ नहीं कहा, सीधे एग्ज़ाम कंट्रोलर के कमरे में ले गया। कोई चंद्रशेखर जी थे। उसके बाद नासिर ने अंग्रेज़ी में एग्ज़ाम कंट्रोलर पर चिल्लाना शुरू किया। जो समझा, उसका लब्बोलुआब यह था कि यह ग़रीब बच्चा है। चेक जमा नहीं हुआ, कर देगा जमा, इसको तंग क्यों किया जा रहा है। मैं इससे पहले चार बार एडमिन विभाग में रिक्वेस्ट कर चुका था।

पहली बार देखा कि प्रेसिडेंट डांट सकता है। चंद्रशेखर जी ने इतना ही कहा, "नासिर डॉंट गेट एंग्री। आई विल सी इट।" मुझसे कहा गया कि नया चेक लाकर जमा कर दो। मुझे फिर किसी से उधार लेना पड़ा। दो दिन बाद चेक दिया मैंने। ख़ैर, इतनी आफ़त एंट्रेंस एग्ज़ाम के ठीक दो दिन पहले की थी। जब एग्ज़ाम देने गया तो कहा गया कि लिस्ट में आपकी फ़ोटो नहीं है, एग्ज़ाम नहीं दे सकते। मैं लगभग रो गया और चिल्लाने लगा कि आप लोगों पर केस कर दूंगा मैं, अगर मुझे एग्ज़ाम नहीं देने दिया गया तो। फिर एक क्लर्क ने कहा, "इसे बैठने दो। थोड़ी देर में जेएनयू वाले आएंगे तो वे फ़ैसला करेंगे। तब तक कुछ लिखता रहेगा कॉपी में।" जेएनयू वाले आए। मैंने अपनी समस्या बताई तो वे मान गए। परीक्षा में पांच सवाल लिखने थे। बीस में से मुझे पांच ही आते थे। क़रीब महीने-भर बाद परिणाम आया।

मेरा एडमिशन हो गया था जेएनयू में।

• • •

एडमिशन तो हो गया पर हॉस्टल नहीं मिला। टेफ़्लास (कैंपस में एक रेस्तरां) के बग़ल में हॉलनुमा जगह थी, वहीं बिस्तर मिले थे। दस-बारह लोग थे हम। मैं छह महीना वहीं रहा। साबरमती हॉस्टल में मेस मिला था, यानी वहां खाना खा सकते थे। 600 रुपये बिल आता था।

मैं कोई क्लास छोड़ता नहीं था और दूसरी बेंच पर बैठता था। आगे सब दिल्ली वाले फूं-फां अंग्रेज़ी बोलने वाले बैठते थे। मुझे डर भी लगता था लेकिन मैं चुपचाप बैठता।

कमल मित्रा चिनॉय, पुष्पेश पंत, वरुण साहनी, ओपी बख्शी और वाई के त्यागी जैसे दिग्गज टीचर पढ़ाने आते थे।

सेमेस्टर की पहली परीक्षा हुई तो मैंने सारे पेपर अंग्रेज़ी में लिखे। ठीक-ठाक नंबर आए थे। ए माइनस। नंबर देख कर अगली बेंच के अंग्रेज़ीदां लोग मुझे थोड़ी गंभीरता से लेने लगे। मैं दिखने में हिन्दी वाला था लेकिन नंबर अंग्रेज़ी वालों जैसे आ गए थे। इससे मेरा उत्साह बढ़ा। फिर दोस्ती होती चली गई। कुछ तो बहुत अच्छे दोस्त बन गए। अगला सेमेस्टर आते-आते अंग्रेज़ी बोलने लगा था, टूटी फूटी ही सही। रात के डिनर के समय अंग्रेज़ी के सारे पर्चे पढ़ना मेरा सबसे ज़रूरी काम था। उससे बहुत ज्ञान मिलता। मैं सब पार्टियों के पर्चे पढ़ता था।

कोई यह कह सकता है कि अंग्रेज़ी में पर्चे पढ़ना सीख लेने से ही जेएनयू को एक अच्छी यूनिवर्सिटी कह देना ठीक नहीं है। यह तर्क सही हो सकता है लेकिन इस छोटी-सी बात की तह में जाइए। ये पर्चे लिखता कौन था? ये पर्चे छापता कौन था? इन पर्चों में लिखा क्या जाता था? इन पर्चों को पढ़ने से क्या कोई अकादमिक लाभ था भी या नहीं?

सोशल साइंस की यूनिवर्सिटी में क्या सिर्फ़ क्लास में होने वाली पढ़ाई ही आपको बेहतर ज्ञान दे सकती है? यह एक बहुत सतही समझ है कि कॉलेज या यूनिवर्सिटी के छात्रों को राजनीति से दूर रहना चाहिए। राजनीति एक अच्छी चीज़ है। हम इसे अच्छा या बुरा बनाते हैं। एक छात्र क्या सिर्फ़ नौकरी करने के लिए पढ़ाई करता है? क्या उसकी ज़िम्मेदारी समाज को बेहतर करने की नहीं है? हम सामाजिक प्राणी हैं, यह तो सब मानते हैं लेकिन सामाजिक प्राणी होने का अर्थ जागरूक होना भी तो है। यह जागरूकता जेएनयू देता है।

राजनीतिक पार्टियों के पर्चों के अलावा कैंपस में हर तरह के पर्चे लिखे जाते थे। आप छात्र हैं और आपको कोई मुद्दा आंदोलित कर रहा हो तो आप पर्चा लिखकर मेस में रख सकते हैं। लोग पढ़ेंगे। लिखना, यानी किसी विषय पर गंभीरता से सोचना, तर्क करना, अपनी बात को साबित करने के लिए किताबों के रेफ़रेंस लेना। अगर यह अकादमिक शोध नहीं है तो क्या है?

हॉस्टल के मेस में एक अच्छा पर्चा लिखने वाला कालांतर में अच्छा शोधकर्ता बन सकता है क्योंकि ये पर्चे किसी छोटे-मोटे रिसर्च पेपर की ईमानदारी से ही लिखे जाते थे। कई बार एक पर्चे के जवाब में दूसरे दिन नए पर्चे आते यानी कि आप किसी मुद्दे पर अलग-अलग तर्क पढ़ सकते हैं और फिर अपनी समझ बना सकते हैं। लोग इसे राजनीतिक बयानबाज़ी कह कर ख़ारिज कर सकते हैं लेकिन यह एक तरह की अकादमिक ट्रेनिन्ग भी होती थी कि

आप अपनी बात लिख कर कहना सीखें। भाषणबाज़ी का मामला बाद में आता था, पहले लिखना तो सीखें। भाषणबाज़ी अमूमन चुनाव के दौरान होती थी और ख़ूब सारी अन्य राजनीतिक गतिविधियां भी।

इन पर्चों से सीखने के लिए बहुत कुछ हुआ करता था। पहली चीज़ तो अंग्रेज़ी ही सीखी जा सकती थी। वाम दलों के पर्चे पढ़ने में सबसे अधिक दिक़्क़त होती थी क्योंकि उनकी अंग्रेज़ी का स्तर बेहद अकादमिक हुआ करता। मार्क्स और एंगेल्स के उद्धरण होते, तो कभी टॉल्सटॉय और मैक्सिम गोर्की के उपन्यासों का ज़िक्र।

लुंपेन, जिंगोइज़्म जैसे अंग्रेज़ी के दुरूह शब्द मैंने उन्हीं पर्चों से सीखे। कई बार इन पर्चों को पढ़ने के लिए डिक्शनरी का सहारा लेना पड़ता और मेस के खाने के बाद ढाबे पर जाकर साथी छात्रों से चर्चा करनी पड़ती कि जो तर्क इस पर्चे में हैं, उसका असल में अर्थ क्या है।

फ़ूको, देरिदा, सौसुरे जैसे नाम मैंने पहली बार इन्हीं पर्चों में पढ़े थे। बाद में यही नाम क्लासरूम में प्रोफ़ेसर के मुंह से सुने तो अटपटा नहीं लगा। क्लासरूम से बाहर का माहौल जेएनयू में क्लासरूम के लिए भी आपको तैयार करता है, यह कहने में मुझे संकोच नहीं है। लेफ़्ट पार्टियों के पर्चे बहुत पोलेमिकल हुआ करते, यानी कि विचार और वैचारिक स्तर पर दुनिया को बदल देने के दावे किए जाते थे। जिस पर कई छात्र सवाल भी उठाते कि ये प्रैक्टिकल तौर पर कैसे संभव है? दूसरी तरफ़, अखिल भारतीय विद्यार्थी परिषद के पर्चों में कॉन्सेप्चुअल समस्याएं होतीं। उनके पास राष्ट्रवाद और संस्कृति के अलावा बोलने के लिए कुछ ख़ास नहीं रहता था। मुझे हमेशा उनसे सहानुभूति रहती कि इनके पास अच्छे पर्चे लिखने वाले लोग नहीं हैं।

परिषद के दोस्तों को भी यह बात मैं कहा करता था। आप यह भी कह सकते हैं कि लेफ़्ट के लोग मुझे भाव नहीं देते थे क्योंकि लेफ़्ट के लोग उन्हीं से दोस्ती करते जो लेफ़्ट के विचारों से पूरी तरह सहमत होते। मैं लेफ़्ट के विचारों के कुछ हिस्सों से ही सहमत था। लेफ़्ट के लोगों में सुपिरियॉरिटी कॉम्प्लेक्स तो था ही लेकिन उसकी वजह कई सालों से कैंपस में उनका दबदबा कहा जा सकता है।

मेरा अपना मानना है कि लेफ़्ट कैंपस में अत्यधिक संगठित, चतुर और एलिटिस्ट रहा है, जिसे पता होता है कि कैसे हमला करना है, कैसे यूटोपियन कार्ड खेलना है, कैसे छात्रों को अपनी तरफ़ करना है, यह छवि बनाते हुए कि वह ग़रीबों के हितैषी हैं। विद्यार्थी परिषद में वह सॉफ़िस्टिकेशन कभी नहीं रहा। मैं क़रीब दो साल तक लेफ़्ट पार्टियों को दूध का धुला

ही समझता रहा। मेरे कई दोस्त परिषद के सदस्य रहे हैं। वाम वाले भी कई दोस्त रहे। कालांतर में उन्होंने भी वही समझा, जो मैंने समझा है।

* * *

कैंपस में छह महीने गुज़ारने के बाद मैं भी रम गया था। दिन क्लासेज़ में बीत जाता और शाम होते-होते कैंपस में कोई न कोई इवेंट होता। ये इवेंट साहित्य, कविता, नाटक किसी भी चीज़ से जुड़े हो सकते थे। अगर इन कार्यक्रमों में छात्र जा रहे हैं तो समझिए कि वे बहुत कुछ सीख रहे हैं। इसी तरह के कार्यक्रमों में दुनिया भर के प्रोफ़ेसरों, नाटककर्मियों, संस्कृतिकर्मियों को सुनने का मौक़ा मिला, उनसे सवाल पूछने और उनके साथ एकाध बार चाय पीने का भी अवसर मिला।

क्लासरूम मे जहां जेएनयू के प्रोफ़ेसर बेहद गंभीरता से पढ़ाया करते और कोर्स वर्क पूरा किया करते, क्लासरूम के बाहर वे छात्रों के साथ ऐसे बात करते, मानो वे उनके मित्र हैं। एक सहजता लगभग सभी प्रोफ़ेसरों में मैंने पाई। प्रोफ़ेसर अगर आपको नाम से जानते हैं और कैंटीन में मिल जाएं तो कई बार चाय के लिए पूछ लेते और अक्सर साथ बैठकर चाय पी लिया करते। इस सहजता के कारण मुझ जैसे छात्रों का आत्मविश्वास बहुत बढ़ा। कई बार चाय पीते हुए मैंने अपने प्रोफ़ेसरों से वे सवाल पूछे, जो शायद मैं क्लासरूम में बाक़ी छात्रों के सामने पूछने में हिचकिचा जाता। प्रोफ़ेसरों ने इन सवालों का कभी बुरा नहीं माना, बल्कि बहुत प्रोत्साहित किया कि इन सवालों के लिए कौन-सी किताबें देखी जाएं। किताबें बताने में इन शिक्षकों का कोई सानी नहीं हुआ करता। वे अपने-अपने विषय के माहिर लोग थे और एक झटके में पांच-छह किताबें तो बता ही दिया करते। अब यह छात्र पर होता कि वह कितना रिसर्च करता है और फिर वापस किन सवालों के साथ प्रोफ़ेसर के पास जाता है। इसे एक तरह का अकादमिक इकोसिस्टम कहा जा सकता है, जो जेएनयू में था।

* * *

जेएनयू में कई दोस्त बने। इन दोस्तों से बहुत कुछ सीखा। ये मित्र किसी प्रोफ़ेसर से कम नहीं थे। उन्होंने जीवन के बारे में बहुत कुछ सिखाया। उनके साथ रहना सामाजिक रूप से भारत को समझना भी था। ये सारे अनुभव जीवन भर के लिए हुए।

किसी कठिन रूममेट के साथ कैसे रहा जाए, यह जानना और समझना भी ज़रूरी होता है। मैं क़रीब छह महीने डोरमैट्री में रहा। फिर नर्मदा हॉस्टल में। वहां मेरा रूममेट बिहार का

ही था। स्कूल ऑफ़ लैंग्वेजेस का यह छात्र कभी क्लास नहीं जाता था। दिखने में शरीफ़-सा यह लड़का जर्मन भाषा का छात्र था लेकिन कहता कि क्लास में कुछ भी नहीं पढ़ाया जाता है। फ़र्स्ट ईयर में ही लोग कैसे समझ जाते थे कि क्लास में कुछ नहीं पढ़ाते हैं? मैंने उससे बहस नहीं की, लेकिन मुझे यह समझ में आया कि कई लोग कैंपस आ तो जाते हैं लेकिन यहां अकादमिक रूप से जो मेहनत करनी होती है, उससे वे बचना चाहते हैं। मेरा यह रूममेट कुछ ऐसा ही था। वह दिन भर कमरे में रह कर रूसी साहित्य और मेरे अख़बार पढ़ा करता। बड़ी-बड़ी बातें करता और हर बात पर मार्क्स का कोई उद्धरण सुनाने लगता।

मुझे आदत थी सोकर उठने के बाद अपना अख़बार पढ़ने की लेकिन वह तुड़ा-मुड़ा न हो, यानी मुझसे पहले किसी ने उसे पढ़ा न हो। यह मेरी एक ख़ब्त थी। मैंने रूममेट को कई बार मना किया लेकिन वह मानता नहीं था। उसने कभी अपना अख़बार नहीं मंगाया। थक-हार कर मैंने उसके लिए अलग से एक अख़बार मंगाना शुरू कर दिया, जिसके लिए उसने शुक्रिया कहना भी उचित नहीं समझा। बाद में वह आइसा (छात्रों की ही एक और पार्टी) में शामिल हुआ लेकिन उसके लिए अख़बार मंगवाने का लाभ यह हुआ कि उसने मेरे सामने मार्क्स के उद्धरण देने बंद कर दिए।

इंटरनेट तब आया ही था और वह अपने बाक़ी समय में इंटरनेट पर ही जाकर बैठा रहता। उसने बीए की पढ़ाई पूरी नहीं की और बीच में ही कैंपस छोड़ कर चला गया।

एक और रूममेट, कलकत्ता का रहने वाला था। इस लड़के के पास अद्भुत किताबों का ख़ज़ाना था। उसे घूमने का शौक़ था लेकिन चूंकि वह अभी तक दुनिया घूम नहीं पाया था तो उसने दुनिया-भर के ट्रैवलॉग जमा कर रखे थे अपने पास। मार्को पोलो, मैगास्थनीज़ और ह्वेन सांग के भारत के ट्रैवलॉग्स के बारे में मैंने सुना था लेकिन इस लड़के के पास समसामयिक ट्रैवलॉग्स का ख़ज़ाना था। मैंने इसी मित्र से नेशनल ज्योग्राफ़िक पत्रिका के बारे में जाना, जो कि इस पत्रिका का संग्रह किया करता था। उसका विषय सोशियोलॉजी था लेकिन उसके पास किताबें सोशियोलॉजी के अलावा हर विषय की हुआ करती थीं। वह हर दिन कहता- "मैं दुनिया घूमूंगा। मेरा यही सपना है।" सपनों को पूरा करने के लिए उसके पास उस समय उतने पैसे नहीं थे।

वह कहता- "बस एक छोटी-सी नौकरी करनी है और दुनिया घूमनी है।" मैं उससे हमेशा पूछा करता कि छोटी नौकरी में पैसे कहां होंगे दुनिया घूमने के? तो उसका जवाब होता- "बचा लूंगा सारे पैसे।" दुनिया के बाक़ी देश घूमे बिना उसे हर बड़े शहर के बारे में पता था। वह न्यूयॉर्क के टाइम्स स्कवॉयर के बारे में घंटों बात कर सकता था और साथ ही सेंट पीट्सबर्ग के चौराहे के बारे में भी। वह यूरोप से रूस जाने वाली ट्रेन के बारे में लिखी गई

किताबों पर घंटों बोल सकता था और बता सकता था कि पेंगुइन साल के किस समय में किस दिशा में पलायन करते हैं।

वह किसी कबीले के साथ जाकर रहना चाहता था, जैसे अमेरिकी एंथ्रोपोलॉजिस्ट रहा करते थे। मैंने उससे दुनिया के बारे में जितना जाना, वह बता पाना मुश्किल है। उसी ने कहा था- "अपने विषय के अलावा दूसरे विषय की किताबें ज़्यादा पढ़नी चाहिए क्योंकि तुम्हारे विषय के लोग तो वही किताबें पढ़ेंगे। तुम अलग क्या पढ़ रहे हो, वह तुम्हें अलग बनाएगा।"

मैंने अनजाने में उसकी सलाह पर अमल किया क्योंकि उसकी किताबों के ख़ज़ाने में कई किताबें पढ़ने में शानदार थीं। अंतरराष्ट्रीय विषय का छात्र होने के बावजूद ट्रैवलॉग्स पढ़ने में रुचि उसकी ही जगाई हुई थी। कालांतर में मैंने मोटरबाइक पर पूरा भारत भ्रमण किया। इस ट्रैवल के कीड़े के बीज उसी मित्र ने मेरे मन में डाले होंगे।

मेरी क़िस्मत ऐसी रही कि मैं चार साल वैध रूप से जेएनयू में रहा और इन चार सालों में मेरे कई रूममेट्स हुए। अच्छे और बुरे दोनों तरह के। झेलम हॉस्टल में जब पहली बार आया तो एक रूममेट बेहद गंदा रहता था। गर्मी में भी दो-तीन दिन बिना नहाए रहने वाला यह लड़का किसी अमीर परिवार का बिगड़ैल बेटा था, जिसके पास हर काम करने का समय था, बस सफ़ाई करने का नहीं।

मैं इसके बिलकुल उलट करीने से कमरा सजाए रखने का पक्षधर था। इस कमरे में शिफ़्ट होने के बाद दो हफ़्ते बेहद कष्ट भरे रहे। कमरे में इतनी गंदगी थी कि बदबू आती। यह रूममेट अपने अंडरवियर तक नहीं धोता। खोल कर फेंक देता और चार दिन बाद उसे ही पहन लेता। दो हफ़्ते के बाद मैंने उसे चेतावनी दी, जिसका उस पर कोई असर नहीं हुआ। सोलहवें दिन मैंने कमरा साफ़ किया और ऐसा साफ़ किया कि रूममेट का गद्दा, तकिया, चादर, जूते, मोज़े और ढेर सारे गंदे कपड़े कमरे के बाहर फेंक दिए, ताकि बाक़ी छात्र देखें कि वह कितना गंदा रहता है। वह जब बाहर से लौटा तो शर्म के मारे बहुत देर तक चुप रहा और फिर सारा सामान बाहर से उठाकर कूड़ेदान में डाल आया। उसने तीन दिन मुझसे बात नहीं की लेकिन फिर मित्रता हो गई।

वह अक्सर कहा करता- "मैं गन्दा नहीं, आलसी आदमी हूं। वैसे भी मरने के बाद सबको जल ही जाना है, कितना भी साफ़ रह लो अभी।"

जीवन के बारे में इस तरह के अटपटे दर्शन जेएनयू में ही मिल सकते थे। किसी भी काम के लिए हर किसी के पास हमेशा कारण और तर्क मौजूद रहते। अगर कोई खड़े होकर किताब

पढ़ रहा हो और आप कह दें कि खड़े क्यों हैं, बैठ कर पढ़िए तो वह आपको अगले बीस मिनट तक यह बता सकता है कि खड़े होकर पढ़ने के क्या लाभ हैं?

शरीर में रक्त संचालन से लेकर लगातार बैठे रहने से शरीर को होने वाले नुक़सान के बारे में लंबे लेक्चरों के दरमियान वह छात्र आपको तीन-चार किताबें भी बता सकता है कि दुनिया में लोग पहले कैसे पढ़ते थे, खड़े होकर या बैठ कर? कोई रेफ़रेंस न होने पर वह अपनी व्यक्तिगत आज़ादी का हवाला दे सकता है और आपने इस मामले में टोका तो वह व्यक्तिगत आज़ादी, आज़ादी के ख़तरे और सामूहिक चेतना जैसे एब्स्ट्रैक्ट विषयों पर लंबी बात करने को तैयार मिल सकता है।

कहने का मतलब बस यह है कि जेएनयू के छात्र सिर्फ़ अपने विषय तक महदूद नहीं थे। वे दुनिया के बारे में, दर्शन के मुद्दों के बारे में, भगवान की अवधारणा से लेकर मज़दूरों के कष्ट, पलायन, औद्योगीकरण, वैश्वीकरण, साहित्य और तमाम ऐसे मुद्दों पर घंटों सार्थक बात कर सकते थे, जिनके बारे में कुछ बोलने से पहले दूसरे विश्वविद्यालय के छात्र कई बार सोच में पड़ सकते हैं। ऐसा कर पाने की एक वजह तो यही थी कि क्लासरूम में ज्ञान को सीमित करने की संस्कृति जेएनयू में नहीं थी। जो पढ़ाया जा रहा हो, क्लास में उससे इतर अगर आप और कुछ पढ़ रहे हों और वह जानकारी क्लास में ला रहे हों तो उस पर आपत्ति नहीं की जाती थी, बल्कि उस पर आगे और सोचने को कहा जाता था।

प्रोफ़ेसरों के साथ क्लासरूम के बाहर पैदल चलते हुए छात्रों का बातचीत करते हुए आना जेएनयू में आम दृश्य था। अगर बातचीत गंभीर हो रही हो तो कोई दूसरा छात्र, जिसका उस बातचीत से कोई लेना-देना नहीं, वह खड़े होकर बातचीत को सुन सकता है। मैंने ऐसा कई बार किया है, जब कभी दो प्रोफ़ेसरों को सब्जी ख़रीदने के बाद किसी गंभीर मुद्दे पर बात करते हुए पाया। नया सोच पाना इन कारणों से भी संभव होता है।

• • •

राजनीति करना और राजनीतिक रूप से जागरूक होना दो अलग-अलग बातें हैं, यह मैंने जेएनयू में भली-भांति समझा। मैं राजनीतिक व्यक्ति नहीं था। राजनीतिक रूप से जागरूक भी नहीं था। जेएनयू में आने से पहले राजनीतिक मुद्दों पर मेरी कोई राय नहीं थी। मैं सोच नहीं पाता था कि क्या सही है, क्या ग़लत है। जाति, धर्म, परमाणु ऊर्जा जैसे गंभीर मुद्दों पर मेरी कोई मुक्तलिफ़ राय नहीं थी और अगर थी भी तो उसे लोगों के सामने कैसे बेहतर ढंग से रखा जाए, यह मुझे नहीं आता था।

मुझे नहीं पता था कि सामाजिक सिद्धांत किस चीज़ का नाम है? मैंने दुनिया के राजनीतिक और दार्शनिक सिद्धांतों के बारे में कुछ नहीं पढ़ा था और कुछ भी नहीं जानता था। मैंने जेएनयू के क्लासरूम में ये सारी बातें जानीं और समझीं। प्रोफ़ेसरों ने इस आशय के साथ पढ़ाया कि वह एक वैचारिकी के समर्थक हैं और ज़रूरी नहीं कि वही विचार श्रेष्ठ हो। यह सच है कि जेएनयू में मार्क्सवादी विचारों का बोलबाला था लेकिन यह खूबसूरती भी थी कि किसी प्रोफ़ेसर ने किसी छात्र से ज़बरदस्ती नहीं की कि वह मार्क्सवादी हो जाए या मार्क्सवादी विचारधारा को माने।

यह ज़रूर था कि दुनिया को समझने के लिए जिन विचारों की ज़रूरत थी, वह यहां आने के बाद पता चले। एक पूरा का पूरा वैचारिक इंद्रधनुष था, जिसमें से आपको अपना पसंदीदा रंग चुनने का अधिकार था। अब यह आप पर होता कि आप उसमें नीला चुनें, भगवा चुनें या लाल। इसके लिए कोई किसी को बाध्य नहीं करता था। मैं कह सकता हूं कि जेएनयू ने मुझे राजनीतिक आदमी तो नहीं बनाया मगर राजनीतिक रूप से जागरूक ज़रूर किया है।

• • •

राजनीतिक तौर पर उस दौरान कई पार्टियां थीं। अखिल भारतीय विद्यार्थी परिषद (एबीवीपी), स्टूडेंट फ़ेडरेशन ऑफ़ इंडिया (एसएफ़आई), ऑल इंडिया स्टूडेंट फ़ेडरेशन (एआईएसएफ़) और ऑल इंडिया स्टूडेंट्स एसोसिएशन (आइसा)। इसके अलावा कांग्रेस की नेशनल स्टूडेंट्स यूनियन ऑफ़ इंडिया (एनएसयूआई) और बाक़ी छोटे-मोटे गुट, मसलन बामसेफ़, डीएसयू-पीएसयू।

परिषद में पढ़े-लिखे लोग कम थे। हालांकि कहा जाता है कि एक समय में परिषद में भी दिग्गज पढ़ाकू छात्र हुआ करते थे। मुझे याद है, साबरमती में रिटायर हो चुके प्रोफ़ेसर बिपन चंद्रा के साथ एक बहस में एबीवीपी के दो छात्र उनसे लगातार सवाल करते जा रहे थे। उनमें से एक छात्र बाद में संघ से अलग हो गया। अब भी कम ही होंगे परिषद में पढ़ने-लिखने वाले लोग, ऐसा मेरा मानना है। ख़ैर, एक छात्र था जो परिषद् का था और उनके पोस्टर बनाता था। परिषद में वैसे भी कलाकारों की कमी रहती है तो श्रीनिवास अपवाद थे।

एकदम सौम्य, कम बोलने वाले श्रीनिवास बिहार के थे और रूसी भाषा में बीए कर रहे थे। उनसे बात करके कभी नहीं लगता था कि वह आवाज़ ऊंची करके बात करते होंगे। शाम को सबको पकौड़े खिलाना उनका प्रिय काम था। वह पोस्टर पूरी तन्मयता से रात के वक़्त अकेले में बनाया करते। ऐसे समय में उनके कमरे में जाने पर वह किसी से बात

नहीं करते थे। आप खड़े होकर उन्हें काम करते हुए देख सकते थे बस। मैं हमेशा उनसे कहता कि आप अच्छे आदमी हैं लेकिन ग़लत पार्टी में। वह यह सुनकर भी हौले से मुस्करा दिया करते।

उन्हें लेफ़्ट की राजनीति पसंद नहीं थी और वह ख़ूब जमकर बहस करते थे वामपंथियों से। इन बहसों में श्रीनिवास कभी चिल्लाते नहीं थे और अपने तर्क रखने के बाद चुपचाप मुस्कराने लगते थे। उनसे बहस करना इसलिए भी मुश्किल होता था कि वह बहुत अधिक विनम्र थे। उनसे ज़ोर से बात नहीं की जा सकती थी। गुजरात और कालीकट में पढ़ाने के बाद 2017 में श्रीनिवास जेएनयू के ही रूसी भाषा अध्ययन केंद्र में प्रोफ़ेसर नियुक्त हुए।

• • •

जेएनयू में यह ज़रूरी नहीं कि आप एक विचार के हों तो दूसरे विचार के लोगों से बातचीत न करें। मैं जिन दिनों नर्मदा में रहता था, एक वाक्या हुआ। एक दिन मेरा रूममेट एक लड़के को लेकर आया। बोला, सर यह थर्ड रूममेट होना चाहता है। मैंने पूछा, नाम क्या है? उसने नाम बताने के साथ ही कहा- "सर बेगूसराय से हूँ।" मुझे हंसी आई और मैंने कहा, रह जाओ। अब नॉर्मल रूटीन यह होता कि रात में हम पुराने रूममेट को छेड़ा करते। ख़ूब बकथेथरी के बाद थर्ड रूममेट गाना सुनाता। 'ओ मेरी महुआ...' ठीक-ठाक गाता था। यह थर्ड रूममेट हार्डकोर संघी था और पुराना वाला आइसा कैडर। इन दोनों के साथ रहते हुए राजनीतिक बहसें न के बराबर हुई क्योंकि यह मैच्योरिटी तीनों में थी कि राजनीतिक बहसबाज़ी एक तरफ़ है और साथ में रहना एक तरफ़। कभी बहस हो भी गई तो मैं सीनियर होने के नाते बहस के बाद दोनों को चाय पिलाने ले जाता। कालांतर में इस थर्ड रूममेट ने एमबीए किया और अपना काम शुरू किया।

उसे जब बिज़नेस से फुर्सत होती है, मुझसे फ़ेसबुक पर बहस करता है। मैं पहले ख़ूब बहसें करता था, अब नहीं करता क्योंकि अब मैं जानता हूं कि इन बहसों से न वह बदलेगा न मैं। हम लड़ने के बाद साथ में बैठकर बीयर भी पी लेते हैं। यह जेएनयू से पढ़े लोगों की ख़ूबसूरती है।

• • •

हमारे समय में जेएनयू में कमल मित्रा चिनॉय नाम के एक प्रोफ़ेसर थे। वह वामपंथी थे, जो बाद में आम आम आदमी पार्टी में चले गए और संभवत: अब आम आदमी पार्टी भी छोड़ चुके हैं। ख़ैर, वह पढ़ाते थे एकदम बकवास टाइप। एकदम वामपंथी एजेंडा लेकिन ठीक

था। पहली बार अपने देश की व्यवस्था की आलोचना समझ में आई थी। शुरुआती पांच-एक क्लास के बाद बोरियत होने लगी थी क्योंकि रिपीटिटिव था। रेटॉरिक बहुत ज़्यादा होता था। ठोस बातें कम। चिनॉय सर के बारे में बहुत सारी किन्वदंतियां प्रचलित थीं। लोग अफ़वाह भी फैलाते थे, तरह-तरह की।

एक अफ़वाह यह थी कि वह फ़र्ज़ी वामपंथी हैं। सर के पास बहुत पैसा है। अलग-अलग गाड़ियों में घूमते हैं। इसी तर्ज़ की कई अफ़वाहें थीं लेकिन एक बात थी कि सर उन दिनों स्मार्ट थे। रेबैन का चश्मा पहन कर आते थे और क्लास में सिगरेट पीते थे। सच में लगता था कि इमैन्सिपेटेड हैं, मतलब यह कि उन्हें छोटी-मोटी बातों से फ़र्क़ नहीं पड़ता है और वह छात्रों के साथ दोस्ताना व्यवहार रखते हैं, न कि गुरु-शिष्य जैसा। ऐसा होना भी चाहिए। उनको कमल कह कर संबोधित किया जा सकता था। वह बुरा नहीं मानते थे। मैं उन्हें सर ही बोलता रहा। कभी हिम्मत नहीं हुई कमल कहने की।

ख़ैर, चिनॉय सर लड़कियों को ज़्यादा नंबर देते थे। कॉमरेडों को पास कर देते थे और राइट विन्ग टाइप के छात्रों को कम नंबर देते थे लेकिन किसी को तंग नहीं करते थे। कोई दिक्क़त होने पर छात्रों के लिए सबसे अप्रोचेबल टीचर चिनॉय सर थे। ख़ैर, आपने प्रश्न-पत्र के जवाब में अगर वामपंथी लाइन का जवाब नहीं लिखा तो बी प्लस मिलता था। कर्री अंग्रेज़ी में उनके मन की बात लिखने पर ए माइनस और लड़कियों को ए प्लस मिलना आम बात थी।

ऐसा कहा जाता है, जिसकी मैं स्वतंत्र रूप से पुष्टि नहीं कर सकता कि चिनॉय सर ने कई छात्रों की पैसे से मदद की है। कुल मिलाकर चिनॉय सर से घृणा नहीं हो सकती थी। वह दूसरे विचार वालों को तंग तो नहीं ही करते थे। उनकी क्लास में बहस ख़ूब होती थी तो ज़ाहिर है कि पढ़ाई कम होती थी।

* * *

जेएनयू में पुष्पेश पंत मेरे प्रिय प्रोफ़ेसर रहे और अब भी वह मेरे प्रिय शिक्षकों में से हैं। उनसे ज्ञान के अलावा जीवन जीने की जो सीखें मिलीं, वे कैंपस से निकलने के बाद तक काम आती रही हैं। वह ऐसे अकेले प्रोफ़ेसर नहीं थे, जिन्होंने अपने छात्रों के जीवन में महत्त्वपूर्ण भूमिका निभाई हो। जो बात मैं प्रोफ़ेसर पंत के लिए कह रहा हूं, यही बात कई और छात्र अपने प्रोफ़ेसरों मसलन अविजित पाठक, मृदुला मुखर्जी, रोमिला थापर, सुबोध मालाकार, कृष्णा भार्गव, अजय पटनायक, दीपांकर गुप्ता और कई अन्य प्रोफ़ेसरों के बारे में भी कह सकते हैं।

जेएनयू के प्रोफ़ेसर, कम से कम जब तक मैं कैंपस में रहा और मेरे अपने अनुभव में, छात्रों का बहुत ख़याल रखते थे। वह जानते थे कि छात्रों की पृष्ठभूमि क्या है, उन्हें पढ़ाई के साथ-साथ किन परेशानियों का सामना करना पड़ता है और उन्हें समय-समय पर पढ़ाई के अलावा सामाजिक, आर्थिक और मानसिक संबल की भी ज़रूरत होती है।

पुष्पेश पंत जब पहली बार क्लास में आए तो मैं एमए फ़र्स्ट ईयर में था। सफ़ेद बाल, सफ़ेद दाढ़ी, हरा कुर्ता और पैंट। क्लास में आए और जैसे ही उन्होंने अपने विषय पर बोलना शुरू किया, तो लगा कि यह आदमी नहीं, इनसाइक्लोपीडिया है। वह हमें भारतीय विदेश नीति पढ़ाया करते थे और घंटे-भर की क्लास में इतनी जानकारी दे दिया करते कि अगले हफ़्ते-भर तक उनकी बताई किताबें और लेख पढ़ते रहें, तो ख़त्म न हों। वह विदेश नीति के साथ-साथ अंतरराष्ट्रीय इतिहास के बाबत जानकारी भी दे दिया करते। यह छात्रों पर होता कि वह प्रोफ़ेसर के बताए लेख पढ़ते हैं या नहीं। प्रोफ़ेसर पंत ने कभी किसी से ज़बरदस्ती नहीं की कि वह क्लास में सबकुछ पढ़कर आए।

वह आते, पढ़ाते, सवालों के जवाब देते और नई किताबें बता जाते। पहली क्लास के बाद ही मैंने तय कर लिया था कि पीएचडी उनके साथ करूंगा, जो मैं नहीं कर पाया। वह हिन्दी और अंग्रेज़ी धाराप्रवाह बोलते थे और उन दिनों हिन्दुस्तान अख़बार में उनका राजनीतिक कॉलम छपा करता था। अपनी पत्रकारिता की पढ़ाई के कारण मैं प्रोफ़ेसर पंत से इस बात से भी प्रभावित था कि वह अख़बार में कॉलम लिखते हैं।

उनके साथ मैंने दो पेपर पढ़े। भारतीय विदेश नीति और इंडियन डिप्लोमेसी। पहले पेपर की परीक्षाओं में एक अजीब वाक़्या हुआ। वह तब अजीब लगा था लेकिन बाद में पता चला कि जेएनयू में कई प्रोफ़ेसर परीक्षाएं इसी तरह लिया करते हैं। वह क्लास में आए और उन्होंने हमें आठ सवाल दिए, जिसमें से सिर्फ़ एक सवाल का जवाब हमें लिखना था। प्रश्न पत्र देने के बाद उन्होंने कहा, "जिसे लाइब्रेरी से किताब निकाल कर लिखना हो, वह लाइब्रेरी जा सकता है। यहां जिसे किताब, कॉपी या नोट्स देखने हों, वह भी देख सकता है और हां, यह पहले बता दो कि कौन-कौन चाय पिएगा और कौन कॉफ़ी।"

यह हतप्रभ करने वाली बात थी मेरे लिए। मैंने सोचा कि अगर उस सवाल का जवाब लिखूंगा, जो सर ने पढ़ाया है तो सर को लगेगा कि मैंने भी किताब से लिखा है क्योंकि क्लास के आधे से अधिक छात्र किताब और क्लास के नोट्स निकाल कर जवाब लिख रहे थे। मैंने वह सवाल चुना, जो सर ने क्लास में नहीं पढ़ाया था। गुजरात के डांग में ईसाइयों पर हुए हमलों का भारत की विदेश नीति पर क्या असर पड़ सकता है? मैं समय से पहले

कॉपी जमा करके जाने लगा तो प्रोफ़ेसर पंत ने रोका और बोले- "रुकिए आप। यह सवाल तो मैंने पढ़ाया नहीं है, आपने लिखा कैसे!"

मैंने कहा- "सर, आपने बहुत कुछ और तो पढ़ाया है। उसी आधार पर लिखा है।"

उन्होंने मुझे रुकने को कहा और दस मिनट में जवाब पढ़ कर पेपर पर ग्रेड लिख दिए - ए ओन्ली।

किताब पढ़ लेने से दृष्टि नहीं मिल जाती है, यह सीख मुझे उस दिन प्रोफ़ेसर पंत की क्लास में ही मिली। बाद में सर के साथ इस बारे में चर्चा हुई, जिसका लब्बोलुआब सर के अनुसार यही था- अगर मैं चार महीने आपको एक विषय पढ़ाता हूं और उस विषय से जुड़े किसी सवाल के लिए आपको किताब या पुराने नोट्स देखने पढ़ रहे हैं तो इसका मतलब है कि आप ख़ुद कुछ भी नहीं सोच रहे हैं। परीक्षा में किताबों के रेफ़रेंस नहीं मांगे गए थे। एक जवाब लिखना था और एमए के विद्यार्थियों को ख़ुद सोचना चाहिए, न कि नोट्स देखने चाहिए।

प्रोफ़ेसर पंत एक उदाहरण मात्र हैं। जेएनयू के अच्छे शिक्षकों और ज़्यादातर शिक्षकों का पढ़ाने का ध्येय यही होता है कि छात्र ख़ुद सोचना सीखें। अपनी दृष्टि का विकास करें, ताकि विभिन्न सामाजिक, आर्थिक और राजनीतिक मुद्दों पर अपने विचार स्वयं गढ़ें, किसी से प्रभावित न हों, सवाल करना सीखें, बहस करना जानें।

यह एक गहरी सीख थी जीवन की। अकादमिक जीवन में न रहना हो, तब भी मनुष्य बनने के लिए यह एक बड़ा सबक़ था। अपनी एक दृष्टि विकसित करने के लिए सिर्फ़ क्लासरूम की किताबें काफ़ी नहीं थीं, यह भी जेएनयू में शिक्षकों ने ही समझाया। प्रोफ़ेसर पंत कई बार क्लासरूम के बाहर छात्रों से ख़ूब बतियाते, बहस करते, सवालों के जवाब देते। अपने घर पर खाना खाने के लिए बुलाते। घर पर पढ़ाई की बात के अलावा अलग-अलग मुद्दों पर बात करते। वहां से हम जैसे छात्रों ने विनम्रता और शालीनता से अपनी बात रखना और बहस करना सीखा।

ऐसे और कई प्रोफ़ेसर हुए, जो छात्रों को घर पर बुलाया करते और उनकी तमाम दिक़्क़तों को समझते-बूझते हुए उनके सर्वांगीण विकास में योगदान करते। अगर कोई मुझसे पूछे कि जेएनयू में क्यों पढ़ना चाहिए या फिर जेएनयू में ऐसा क्या ख़ास है तो मैं यही कह सकता हूं कि इकोसिस्टम, एक ऐसी व्यवस्था जिसमें शिक्षक किसी ऊंचे आसन पर नहीं है, बल्कि आपके साथ खड़ा है। यह भाव नया सोचने, इनोवेट करने और अकादमिक एक्सीलेंस के लिए प्रयास करने का मौक़ा देता है। शायद यह माहौल एक बड़ा कारण है कि जेएनयू को

बदनाम करने की इतनी साज़िशों के बावजूद पढ़ाई के मामले में जेएनयू हर सूची में अव्वल स्थान पर रहता है।

...

पुष्पेश पंत की एक और याद। हम सभी से क्लास में एक टर्म पेपर लिखने को कहा गया था। सबने अपने-अपने पेपर निश्चित दिन जमा किए। सारे पेपर जमा करने के बाद प्रोफ़ेसर पंत ने बीस मिनट लगाकर सब पेपरों पर सरसरी निगाह डाली और एक पेपर उठा कर बोले- फ़लाना जी खड़े हो जाइए।

फ़लाना जी खड़े हो गए। सर ने कहा- "आपने फ़लां किताब के पेज नंबर इतने से अपने पेपर में चार पैरा उठाए हैं।" फ़लाना जी को काटो तो ख़ून नहीं। वह मिमियाए तो सर बोले, "और आगे के दो पैरा... फ़लां किताब से..."

फ़लाना बाबू कुछ बोलते, इससे पहले सर बोले- "बैठ जाइए और कुछ बोल कर अपनी और बेइज़्ज़ती मत करवाइए।"

सर ने जिस किताब का नाम लिया था और फ़लाना बाबू की कॉपी के बारे में जो भी कहा था, वह अक्षरश: सही था। पुष्पेश पंत की याद्दाश्त के ऐसे कई क़िस्से हैं। उनके बारे में प्रचलित था कि वह सुबह चार बजे उठकर पढ़ाई करते हैं और उन्हें संस्कृत की सैकड़ों ऋचाएं भी याद हैं। वह अंग्रेज़ी और हिन्दी इतनी तेज़ी से बोलते कि कई बार उनके विचारों को समझना तक कठिन हो जाता। उनके बारे में यह भी कहा जाता कि वह दुनिया के किसी भी विषय पर घंटों बोल सकते हैं।

उन दिनों हमें पता नहीं था कि प्रोफ़ेसर पंत बहुत बढ़िया खाना बनाते हैं। तब भोजन पर उनकी किताब नहीं आई थी लेकिन वह अक्सर अपनी क्लास में फ़ूड डिप्लोमेसी पर बात करते, तो हमारे लिए यह विषय अबूझ-सा होता। बाद में जब मुशर्रफ़-वाजपेयी बैठक के दौरान अख़बारों में इस बात की चर्चा हुई कि खाने में क्या था तो हमें समझ आया कि प्रोफ़ेसर पंत फ़ूड डिप्लोमेसी के ज़रिए हमें अंतरराष्ट्रीय राजनीति ही पढ़ा रहे थे।

...

प्रोफ़ेसर पंत की पाक कला के बारे में मुझे बहुत बाद में पता चला। मैं एमफ़िल का छात्र था और प्रोफ़ेसर पंत मेरे गाइड थे। उन्होंने पहली बार अपने घर खाने पर बुलाया। वहां खाने के साथ-साथ शराब और संगीत भी था। शराब पीना एक कला है, संगीत सुनना भी।

लिखना कला है, आलोचना सबसे बड़ी कला है। ये बात उस दिन खाने की मेज़ पर समझ में आई।

हम कुछ आठेक लोग थे। हम सबने तक तक सुना ही था कि गुरु जी (हम छात्र आपस में प्रोफ़ेसर पंत को यही बुलाते थे) बहुत बढ़िया खाना पकाते हैं। घर पहुंचे तो वाक़ई सुगंध आ रही थी। गुरु जी ने पूछा- "क्या पियोगे?" हम लोग चुप थे तो उन्होंने ही कहा- "देखो, ये कंपारी है, ये बीयर, ये व्हिस्की, ये वोदका और ये कुछ वाइन हैं, जिसमें जितना परसेंट अल्कोहल है, उसमें उतना अधिक नशा होगा। कुल जमा शराब का यही क़िस्सा है। नशा अल्कोहल से होता है।"

हम सबने कहा- "सर आप जो कहें।" गर्मी के दिन थे तो गुरु जी की सलाह पर हम लोगों ने बीयर पी। बीयर का एक घूंट लेते ही गुरु जी बोले- "अरे इसे गोमूत्र समझ कर पी लीजिए।" वह ऐसे मज़ाक भी करते थे। इसी बैठक में पीछे संगीत चल रहा था। किसी ने उस बारे में पूछ दिया तो गुरु जी ने उसके बाद क़रीब बीस मिनट तक शास्त्रीय संगीत की सूक्ष्मताएं गिनाईं और ऐसे-ऐसे नाम लिए कि मैंने डायरी निकाल कर वे नाम लिख डाले। शिक्षा इस तरह से भी मिला करती थी जेएनयू में।

आज मेरे पास संगीत का जो भी भंडार है, उसमें से कई नाम मैंने उस रात पहली बार सुने थे। अफ्रीकी संगीत से लेकर भारतीय क्लासिकल, जैज़, रॉक, पंक न जाने क्या-क्या। पुष्पेश सर इन मामलों में ज्ञान की खदान थे। भोजन तो ख़ैर सर ने जो बनाया था, वैसा भोजना दोबारा किसी अच्छे रेस्तरां में भी कभी नहीं मिल पाया।

• • •

मैं कैंपस छोड़ने के बाद भी जेएनयू के शिक्षकों से संपर्क में रहा। चूंकि मैं पत्रकार था और रिपोर्टिंग किया करता था तो कई मुद्दों की समझ के लिए मैं अक्सर जेएनयू के प्रोफ़ेसरों के पास आता था। इस क्रम में कई प्रोफ़ेसरों से परिचय भी हुआ। चूंकि मैंने एमफ़िल करने के बाद नौकरी मिल जाने के कारण कैंपस छोड़ दिया था तो पीएचडी करने की मेरी इच्छा अधूरी रह गई थी।

क़रीब चार साल के बाद जेएनयू के ही एक प्रोफ़ेसर ने बातों-बातों में मुझसे कहा, "तुम्हारे पास नौकरी अच्छी है लेकिन पत्रकारिता की स्थिति तो बहुत अच्छी नहीं है। तुम जैसे लोगों को एकेडेमिक्स में आना चाहिए।" यह मेरे लिए किसी कॉम्प्लीमेंट से कम नहीं था। मैंने उनसे कहा कि मैं अब अंतरराष्ट्रीय संबंध में पीएचडी नहीं करना चाहता हूं, बल्कि

सोशियोलॉजी में काम करने की इच्छा है। उन्होंने मुझसे अपना कोई कोर्स लेने की बजाय कहा कि मैं इतिहास विभाग में नीलाद्रि भट्टाचार्य का कोर्स करूं।

मैंने नीलाद्रि भट्टाचार्य से निवेदन किया कि मैं भूतपूर्व छात्र हूं, क्या उनकी क्लास में बैठ सकता हूं तो उन्होंने हामी भर दी। उस क्लास में जाना एक अविस्मरणीय अनुभव रहा। हिस्टॉरिकल मैथड्स की उस क्लास के बारे में कहा जा सकता है कि उसने मेरी समझ का गहरा विस्तार किया। मनुष्य क्या पढ़ता है, से भी ज़्यादा ज़रूरी है कि वह कैसे पढ़ता है और पढ़े हुए को समझता कैसे है।

नीलाद्रि की क्लास थी तो एमए के बच्चों के लिए लेकिन उसमें कोई भी आ सकता था। किसी के भी क्लास में आने का मतलब यह था कि उस क्लास में जेएनयू के अलावा दिल्ली विश्वविद्यालय और जामिया के छात्र भी आते थे। पहली क्लास में जब मैं पहुंचा तो पाया कि सारी सीटें तो भरी ही हुई थीं, छात्र ज़मीन पर भी बैठे हुए थे। मैंने जेएनयू में किसी क्लास में ऐसी भीड़ नहीं देखी थी।

दुबले-पतले और सिर पर खूब सारे घुंघराले बालों वाले प्रोफ़ेसर नीलाद्रि भट्टाचार्य किसी जादूगर जैसे दिख रहे थे और पूरी क्लास मानो उस जादूगर के सम्मोहन में फंसी हुई हो। वह कह रहे थे, "क्लास में सवाल सिर्फ़ एमए के छात्र ही पूछेंगे। बाक़ी लोगों को सवाल पूछना हो तो क्लास के बाद।" क़रीब सत्तर-अस्सी लोग होंगे क्लास में। पीछे की बेंचों पर यूनिवर्सिटी के दूसरे प्रोफ़ेसर बैठे थे, जिनमें जेएनयू की जानी-मानी प्रोफ़ेसर रोमिला थापर भी थीं।

यह भी एक दुर्लभ घटना थी कि इतिहास का कोई वरिष्ठ प्रोफ़ेसर किसी दूसरे प्रोफ़ेसर की क्लास में छात्रों के साथ बैठा हो। नीलाद्रि भट्टाचार्य ने मार्क्सवादी इतिहासकार होने के बावजूद पूरे सेमेस्टर अपनी क्लास में कभी भी यह अहसास नहीं होने दिया कि वह किसी विचार को लेकर आग्रह रखते हैं। शोध के विभिन्न तरीकों पर प्रकाश डालते हुए वह कहते, "देखिए, यह विषय आप एक सेमेस्टर में नहीं सीख पाएंगे। चार टॉपिक हैं, हर टॉपिक के लिए छह महीने दीजिए तो ठीक रहेगा। आपके सामने अलग-अलग विचार हैं। आपके ऊपर है कि आप किसे चुनते हैं और कैसे काम करते हैं।"

फूको जैसे कठिन विचारक के काम को सहज, सुलभ और समझने वाली भाषा में बता पाना नीलाद्रि जैसे प्रोफ़ेसर के बस की ही बात थी। उस क्लास ने मुझमें यह आत्मविश्वास पैदा किया कि मैं पीएचडी कर सकता हूं। पावर और डिस्कोर्स की फूको की अवधारणा पर बात करते हुए नीलाद्रि बिलकुल निर्लिप्त भाव से कहते कि आपको यह सोचना

चाहिए कि हमारे आसपास जो डिस्कोर्स होता है, वह कौन तय कर रहा है? क्या यह डिस्कोर्स पावरफुल लोग तय कर रहे हैं या जिनके पास ताक़त नहीं है, वे यह बात तय कर रहे हैं। यह एक दृष्टि थी, जो बाक़ी चीज़ों को देखने, देख पाने में स्पष्टता ला सकने में सक्षम थी।

नीलाद्रि की क्लास के बाद मैंने अपने दफ़्तर, अपने समाज और अपने परिवेश में हो रही बातचीत यानी डिस्कोर्सेंस को भी नए सिरे से देखना-समझना शुरू किया। आज भी किसी बहस में अक्सर यह सोचता हूं कि यह बहस कर कौन रहा है! इसका संचालन कैसे और क्यों हो रहा है? ये सब जीवन-भर की शिक्षाएं थीं।

•••

ज़रूरी नहीं कि जेएनयू में आप उन्हीं प्रोफ़ेसरों से सीखें, जो आपके विभाग के हैं। कई बार मैंने और मुझ जैसे कई लोग होंगे, जिन्होंने अपने विभाग से इतर अन्य प्रोफ़ेसरों के काम से बहुत कुछ सीखा है और उनके साथ आगे चलकर काम भी किया है।

सोशल साइंस में इंटर डिसीप्लीनरी शोध के महत्त्व को जेएनयू में समझा जाता था और कुछ प्रोफ़ेसरों ने इसे बढ़ावा भी दिया है। नीलाद्रि की क्लासेज़ के बाद जब मैंने पीएचडी करने का फ़ैसला किया तो सोशियोलॉजी विभाग के प्रोफ़ेसर अविजित पाठक का ख़याल सबसे पहले मेरे मन में आया। प्रोफ़ेसर पाठक के बारे में मैंने कई छात्रों से सुना था। कैंपस में शायद ही ऐसा कोई प्रोफ़ेसर होगा, जिनसे उनके छात्र इतना स्नेह करते हों। प्रोफ़ेसर पाठक को शाम के समय कैंपस में पैदल टहलते हुए, सब्जियां ख़रीदते हुए या कभी-कभार ढाबे पर चाय लेते हुए देखा जा सकता है।

वह शांत, सौम्य और विनम्रता की प्रतिमूर्ति हैं। मैंने पहली बार जब उनसे संपर्क किया और अपनी इच्छा जताई तो उन्होंने मुझसे मेरे विषय के बारे में नहीं पूछा, बल्कि उनकी दिलचस्पी यह जानने में थी कि मैं क्या करता हूं और पीएचडी क्यों करना चाहता हूं। मैंने अपने पत्रकारिता के करियर के बारे में बताया और कहा कि मेरा विषय मेरे अनुभवों से ही जन्मा है और पत्रकारिता में कई चीज़ें जो मैं समझ नहीं पा रहा हूं, उनसे जुड़ा शोध ही करना चाहता हूं।

उन्हें यह बात शायद ठीक लगी तो उन्होंने विषय के बारे में पूछा। ध्यान से मेरी बात सुनने के बाद वह बोले, "आप एक काम कीजिए, जो आपने मुझसे कहा है, उसे एक या दो पेज में लिखिए। अभी किताबों के रेफरेंस की ज़रूरत नहीं है। पहले एक लेख जैसा लिखिए, जो बात आप कह रहे हैं। फिर हम आगे बात करेंगे।"

मैंने लिखकर उन्हें भेजा और अगले दो-तीन महीने तक उनके साथ लगातार काम करता रहा। उन्होंने कभी यह नहीं कहा कि मैं कहां ग़लती कर रहा हूं, बल्कि वह मेरे लिखे पर पेंसिल का निशान लगाते और साथ में एक किताब का नाम लिख देते। इसी तरह तीन-चार महीने में उन्होंने मुझे कई लेख और किताबों के चैप्टर पढ़वाए और फिर एक दिन बोले- "अब तुम एक अकादमिक लेख लिखो जिसमें रेफ़रेंस डालो और साथ में एक हिस्सा रिसर्च के सवालों का भी रखो।"

हालांकि जेएनयू के सोशियोलॉजी विभाग में मेरा एडमिशन नहीं हो पाया लेकिन प्रोफ़ेसर पाठक के साथ काम करते हुए रिसर्च की कई बारीकियां समझ में आईं। जब मेरा एडमिशन नहीं हुआ तो प्रोफ़ेसर पाठक ने यही कहा, "तुम्हारे शोध का विषय बहुत अच्छा है। मेरे विभाग में अन्यान्य कारणों से तुम्हें एडमिशन नहीं मिला है लेकिन उसमें तुम्हारा दोष नहीं। तुमने अच्छा काम किया है। इस काम को पूरा करना चाहिए तुम्हें।"

उनके इस भरोसे ने मुझे बाद में भी बहुत हिम्मत दी। प्रोफ़ेसर पाठक जेएनयू के उन शिक्षकों में से हैं, जो लाइमलाइट से दूर रहकर अपना काम करते हैं। शिक्षा व्यवस्था पर उनकी सरल भाषा में लिखी किताबें बेहतरीन हैं। साथ ही कुछ वर्ष पहले "द रिद्म ऑफ़ लाइफ़ एंड डेथ" नाम से उनके अनुभवों पर आधारित व्यक्तिगत निबंधों की किताब अपने आपमें संग्रहणीय है। जेएनयू से ही पढ़े, प्रोफ़ेसर पाठक के समकालीन छात्र बताते हैं कि अविजित, छात्र समय से ही सामाजिक अवधारणाओं की अपनी व्याख्याओं को लेकर कैंपस में एक ज़हीन छात्र के तौर पर पहचाने जाने लगे थे।

कालांतर में जब मीडिया में कैंपस के ख़िलाफ़ दुष्प्रचार शुरू हुआ तो प्रोफ़ेसर पाठक ने अख़बारों में लेख लिखने शुरू किए और इन लेखों में भी कैंपस के अकादमिक चरित्र को नष्ट करने की कोशिशों को लेकर उनका गुस्सा दिखता रहा। उनकी चिंता हमेशा यही रही कि कैंपस की बेहतरीन शिक्षा व्यवस्था को किसी भी तरह से नष्ट होने से बचाया जाए।

• • •

किसी भी विश्वविद्यालय में अच्छे प्रोफ़ेसर और अच्छे छात्र एक दिन में नहीं बन जाते हैं। इसकी एक प्रक्रिया होती है। कुछ अच्छे प्रोफ़ेसर, अच्छे छात्रों का निर्माण करते हैं और वही छात्र आगे चलकर प्रोफ़ेसर बनते हैं। साठ के दशक में जब जेएनयू की स्थापना हुई तो कैंपस में पढ़ाने के लिए विदेशों से कई भारतीय प्रोफ़ेसरों को बुलाया गया। ऐसे सीनियर छात्र या विदेशों में पढ़ा रहे लोगों में प्रभात पटनायक और उनकी पत्नी इला

पटनायक और कृष्णा भारद्वाज जैसे नाम प्रमुख हैं। कृष्णा भारद्वाज इकोनॉमिक्स की दिग्गज प्रोफ़ेसर रहीं और शुरुआती दौर में इकोनॉमिक्स विभाग की चेयरपर्सन भी। साठ के दशक में कृष्णा भारद्वाज ने इकोनॉमिक्स की दुनिया में एक किताब के रिव्यू से नाम कमाया। यह किताब थी जाने-माने अर्थशास्त्री पिएरो सराफ़ा की "प्रोडक्शन ऑफ़ कमोडिटीज़ बाय मीन्स ऑफ़ कमोडिटीज़"। इस किताब को उस समय के जाने-माने अर्थशास्त्री तक समझ नहीं पा रहे थे। इकोनॉमिक वीकली पत्रिका के संपादक सचिन चौधुरी ने कृष्णा भारद्वाज से इस किताब का रिव्यू करने को कहा। कृष्णा ने तब पीएचडी पूरी ही की थी और असिस्टेंट प्रोफ़ेसर थीं। उन्होंने तीन साल में इस किताब की समीक्षा की और इस समीक्षा ने उन्हें अकादमिक जगत में नया मुक़ाम दिया। इसी समीक्षा को उन्होंने अपने आगे के काम का आधार बनाया। कृष्णा भारद्वाज ने बाद में पिएरो सराफ़ा के साथ काम भी किया।

जेएनयू में जब वह इकोनॉमिक्स विभाग की प्रमुख नियुक्त हुईं, तो उनके पास कई और विकल्प थे विदेश में पढ़ाने के। वह तब तक कैंब्रिज यूनिवर्सिटी में फ़ेलो रह चुकी थीं और अमेरिका के जाने-माने मैसाचुसेट्स इंस्टीट्यूट ऑफ़ टेक्नोलॉजी में भी कुछ समय अध्यापन कर चुकी थीं। उन्होंने भारत आकर पढ़ाने का विकल्प चुना और आजीवन जेएनयू में ही पढ़ाती रहीं। 1992 में उनकी असमय मृत्यु हुई। उनके पढ़ाए छात्र आगे चलकर भारत के कई विश्वविद्यालयों में अध्यापन करते रहे। कृष्णा भारद्वाज से पढ़ चुके छात्र बताते हैं कि कृष्णा क्लासरूम में जितनी सख़्त थीं, बाहर उतनी ही नरम। वह छात्रों को अपने घर खाने पर अक्सर बुलातीं और हर छात्र की पारिवारिक पृष्ठभूमि की जानकारी उनको रहा करती। इसके पीछे एकमात्र कारण संभवत यही था कि कृष्णा भारद्वाज स्वयं भी ग़रीब परिवार की थीं और अपने दम पर उन्होंने दुनिया में एक मुक़ाम बनाया था। जानी-मानी एक्टिविस्ट सुधा भारद्वाज उन्हीं की बेटी हैं।

• • •

इसी तरह प्रभात पटनायक जैसे प्रोफ़ेसर भी भारत को जेएनयू के कारण ही मिले। उड़ीसा, जिस राज्य को हम बेहद ग़रीब राज्य के रूप में जानते हैं, प्रभात पटनायक उसी ग़रीब राज्य से आते हैं। स्कॉलरशिप पर ऑक्सफ़ोर्ड यूनिवर्सिटी में पढ़ाई की और कैंब्रिज यूनिवर्सिटी में इकोनॉमिक्स पढ़ाने लगे। सत्तर के दशक में जेएनयू के इकोनॉमिक्स विभाग में वह एसोसिएट प्रोफ़ेसर की तरह आए और 2010 में रिटायर हुए।

हम जैसे छात्र, जिन्होंने प्रभात पटनायक से क्लासरूम में शिक्षा नहीं ली, बल्कि हॉस्टल में होने वाली डिनर के बाद की बैठकों में, सेमिनारों में, राजनीतिक जलसों में उन्हें सुना और

उनके विचारों को जाना, उनके लिए वह किसी किन्वदंती जैसे रहे। नई सदी में जब जेएनयू में छात्रों के पास पैसे आने लगे थे और वे बाइकों पर चलने लगे थे, कई प्रोफ़ेसरों के पास अच्छी कारें आ गई थीं, प्रभात पटनायक को जेएनयू में आने वाली बस में खड़े-खड़े यात्रा करते हुए देखा जा सकता था। उनके पास एक खटारा मारुति कार थी, जो वह कभी-कभार ही चलाते हुए दिखते थे।

उनके साथ पीएचडी करने वाले अधिकतर छात्रों का मानना था कि वह जीनियस से कम नहीं हैं। उनकी पत्नी इला पटनायक की विद्वता भी कम नहीं थी लेकिन उनसे बातचीत करना बहुत ही सहज था। अगर वह कहीं किसी सेमिनार में कुछ बोल रहे होते तो उनसे सवाल पूछा जा सकता था और वह किसी छात्र के सवाल की अनदेखी नहीं करते थे। उनके साथ पीएचडी करने वाले छात्र उन्हें प्रभात कहकर संबोधित करते और लगातार बहसें किया करते थे।

नोबेल पुरस्कार विजेता अमर्त्य सेन के मन में प्रभात पटनायक के लिए गहरा सम्मान है और वह यह बात सार्वजनिक रूप से कह चुके हैं कि प्रभात अगर विदेश में पढ़ा रहे होते, तो उन्हें नोबेल प्राइज़ मिल सकता था। 2012 में प्रोफ़ेसर पटनायक को लंदन के ओरिएंटल एंड अफ्रीकन स्टडीज़ ने अर्थशास्त्र में उनके योगदान के लिए पीएचडी की मानद उपाधि दी। कहने का अर्थ यह है कि जेएनयू के पास निहायत ही ज़हीन प्रोफ़ेसर थे, जो जेएनयू के बनने के समय विदेशों में अपना अच्छा करियर छोड़कर भारत लौटे थे। सत्तर के दशक में विदेशों का बेहतर जीवन छोड़कर अपने देश लौटना और यहां अध्यापन करने का फ़ैसला करने के बाद यहां अच्छे छात्रों की एक खेप तैयार करने के पीछे क्या सोच होगी!

जो भी सोच हो, वह अच्छी ही कही जाएगी और ज़ाहिर है कि इस तरह के त्याग की भावना जेएनयू के छात्रों में अपने प्रोफ़ेसरों से ही आई होगी। इन प्रोफ़ेसरों ने जेएनयू को जेएनयू बनाया है।

• • •

जब मैं जेएनयू में पढ़ रहा था, उस दौरान वामपंथी प्रोफ़ेसर अधिक थे। हालांकि यहां यह स्पष्ट करना बहुत ज़रूरी है कि वामपंथ सिर्फ़ भारत की शिक्षा प्रणाली में ही प्रभावशाली नहीं रहा है, पूरी दुनिया के एकेडेमिक्स में वामपंथी विचारों का बोलबाला रहा है और उसके वैध कारण हैं। एक ऐसी दुनिया, जो औद्योगिकरण के बाद बनी और जिसके मूल में ग़रीबों-मज़दूरों का शोषण निहित है, उसकी आलोचना एकेडेमिक्स में होना निश्चित ही है

और यही कारण है कि अमेरिका से लेकर इंग्लैंड और भारत से लेकर अफ्रीका तक एकेडेमिक दुनिया में मार्क्सवादी विचारों की एक पूरी शृंखला है। हालांकि इसमें अस्सी के दशक में बहुत नई चीज़ें जुड़ी हैं लेकिन उनके बारे में आम लोग कम जानते हैं।

इन नई चीज़ों की शुरुआत करने वालों में भी जेएनयू के लोग रहे हैं। ऐसा ही एक नाम है सुदीप्त कविराज का। जेएनयू में राजनीति शास्त्र के विभाग में प्रोफ़ेसर रहे कविराज कालांतर में इतिहास की सबआल्टर्न धारा से जुड़े और उसमें उनका बेहतरीन काम है। कविराज बाद में लंदन और फिर अमेरिका के विश्वविद्यालयों में पढ़ाने चले गए और इन दिनों कोलंबिया यूनिवर्सिटी में पढ़ाते हैं।

एकेडेमिक्स में एक नए विचार के साथ जुड़ना और उस पर काम करना आसान नहीं होता है। इसके तमाम रिस्क होते हैं, लेकिन कविराज ने यह रिस्क लिया। सबआल्टर्न स्टडीज़ की अवधारणा को शुरू करने वालों में रणजीत गुहा, शाहीद अमीन और दीपेश चक्रवर्ती के साथ-साथ राजनीति में इस अवधारणा पर काम सुदीप्त कविराज ने किया। जेएनयू में उस ज़माने में सबआल्टर्न स्टडीज़ में रुचि रखने वालों को वामपंथी प्रोफ़ेसर हीन भावना से देखा करते थे लेकिन इसके बावजूद नया काम जेएनयू से ही आ पाया था।

कालांतर में, ख़ासकर नब्बे के दशक में जेएनयू में कई प्रोफ़ेसर आए, जो राइट विन्ग के थे और मार्क्सवादी विचारधारा से अलग उनकी समझ थी। अब तो ऐसे प्रोफ़ेसरों की संख्या बढ़ गई है, जो न तो वामपंथी हैं और न ही दक्षिणपंथी, बल्कि 'मौक़ापंथी' हैं। यह ट्रेंड एकेडेमिक्स के लिए घातक है।

...

वामपंथ का ज़िक्र हुआ है तो जेएनयू की छात्र राजनीति का ज़िक्र करना भी ज़रूरी है क्योंकि इस राजनीति में वामपंथी दलों की बड़ी और ख़ास भूमिका रही है। जेएनयू में वाम पार्टियां तीन हैं: मूल रूप से, सीपीआई की एआईएसएफ़ यानी ऑल इंडिया स्टूडेंट्स फ़ेडरेशन, सीपीएम की एसएफ़आई यानी स्टूडेंट फ़ेडरेशन ऑफ़ इंडिया और सीपीआई (एम एल) की आइसा यानी ऑल इंडिया स्टूडेंट्स एसोसिएशन।

हमारे समय में एसएफ़आई का बोलबाला था। आइसा को कुल जमा गिनती के वोट मिलते। एआईएसएफ़ की पूछ नहीं थी। उसको एक सीट मिलती और वह एसएफ़आई के साथ चुनाव लड़ते एक सीट पर। अखिल भारतीय विद्यार्थी परिषद (जो ख़ुद को बीजेपी से नहीं, संघ से जुड़ा बताता है) एकमात्र विरोधी था। कांग्रेस का भी छात्र दल था, एनएसयूआई

यानी नेशनल स्टूडेंट्स यूनियन ऑफ़ इंडिया, जिसका आधार बहुत सीमित था। जो कैडर था कांग्रेस का, यह बात उसे भी पता थी। हमारे समय में ही अशोक तंवर ने भी चुनाव लड़ा था।

वह वोट मांगने आए तो हमने कहा- "आप तो जीतोगे नहीं आपको भी पता है, फिर क्यों लड़ रहे हैं?" वह बोले- "आगे करियर बनेगा। हारना भी तो एक आर्ट है।" बाद में अशोक तंवर हरियाणा से सांसद भी बने। एसएफ़आई के नासिर हुसैन भी कालांतर में कांग्रेस में शामिल हुए और आगे चलकर कांग्रेस से सांसद भी बने। बाद बाक़ी कविता कृष्णन आइसा में थीं, जो अभी तक वामपंथी हैं। मनीषा सेठी भी आइसा में थीं, तो जामिया में पढ़ा रही हैं और भी कुछ नेता थे, जो पढ़ा रहे हैं।

कैंपस से निकलने के बाद वाम दलों से छात्र नेताओं का कांग्रेस में जाना कोई नई बात नहीं थी। इस कड़ी में कई नाम जोड़े जा सकते हैं। नासिर हुसैन के अलावा वाम दल के ही शकील अहमद ख़ान बाद में लोक जनशक्ति पार्टी में गए और अब कांग्रेस से विधायक हैं। इसी तरह से आइसा के संदीप सिंह इन दिनों कांग्रेस पार्टी से जुड़े हुए हैं। बत्तीलाल बैरवा भी एसएफ़आई से राजनीति करने के बाद कांग्रेस में शामिल हो गए।

हां, मेरे ही समय में परिषद का पहला प्रेसिडेंट भी चुना गया था। वह कहानी आगे। नाम था संदीप महापात्रा। संदीप की जीत के बाद ही कैंपस में एसएफ़आई का प्रभाव कम हुआ और आइसा फिर से मज़बूत हुई।

•••

छात्र राजनीति का भारतीय राजनीति में कितना महत्त्व है, यह लिखने बैठा जाए तो कई किताबें लिखी जा सकती हैं। पिछले कुछ वर्षों में भारतीय मध्य वर्ग बार-बार यह कहता दिखता है कि छात्रों को कॉलेज में पढ़ना चाहिए, न कि राजनीति करनी चाहिए लेकिन वह यह भूल जाते हैं कि आज जिन नेताओं को बड़ा या अच्छा नेता बताया जाता है, वे सभी छात्र राजनीति के ज़रिए ही नेता बने हैं।

राजनीतिक और सामाजिक रूप से जागरूक लोग आपातकाल के दौरान छात्र राजनेताओं के काम को भली-भांति जानते और समझते हैं। लालू प्रसाद, नीतीश कुमार बड़े नाम हैं, जो बाद में मुख्यमंत्री बने, जबकि उनकी पृष्ठभूमि छात्र नेताओं की ही रही है इसलिए यह मानना चाहिए कि छात्र भले ही राजनीति न करें लेकिन राजनीतिक रूप से उनकी एक समझ होनी ही चाहिए।

जेएनयू की राजनीति अपने क़िस्म की अलग तरह की राजनीति थी, जिसमें सामाजिक और राजनीतिक सरोकार सबसे ऊपर रहा करते। जो जेएनयू में पढ़े हैं और राजनीतिक रूप से सक्रिय रहे हैं, वे राजनीतिक दलों के अंदर की खींचतान को लेकर अलग तरह के विचार रख सकते हैं। वे यह कह सकते हैं कि जेएनयू में वाम दलों में अंदरूनी राजनीति थी लेकिन मुझ जैसे छात्र के लिए राजनीति के अलग मायने थे। लेफ़्ट पार्टियों का क्या एजेंडा है पहले तो हम जेएनयू में यह समझते। फिर उसका विरोध कैसे और क्यों हो रहा है, यह हम परिषद की राजनीति से समझते और इन दोनों के बीच में क्या रास्ता है, वह कांग्रेस और बाक़ी तमाम पार्टियों की राजनीति से समझ में आता।

यह एक तरह की ऐसी राजनीतिक शिक्षा थी, जो कक्षा से बाहर होती थी। इसके लिए ज़रूरी नहीं था कि हम इन दलों के सदस्य बनें या उनके प्रोटेस्ट मार्चों में हिस्सा लें। उनके पर्चे पढ़कर उनकी बैठकों में जाकर बहुत कुछ सीखा जा सकता था। कई बार इन दलों के नेता कैंपस में आते और छोटे-छोटे मुद्दों पर अपनी बात रखा करते। इस दौरान उन नेताओं से सीधे-सीधे सवाल पूछे जा सकते थे और इसका कोई बुरा नहीं मानता था। यह अलग तरह की शिक्षा जेएनयू में ही संभव थी और अब भी है। चूंकि प्रोटेस्ट मार्च जेएनयू की संस्कृति का एक अभिन्न हिस्सा है, तो उससे जुड़ा एक अनुभव साझा करता हूं, जो मुझ जैसे कई छात्रों को हुआ था।

चुनाव से पहले का समय था। हर दिन कैंपस में प्रोटेस्ट मार्च होता था। कभी एसएफ़आई का, तो कभी आइसा का, तो कभी परिषद का। मैं एकदम ही नया था और इससे पहले कभी किसी प्रोटेस्ट मार्च में नहीं गया था।

दोस्त लोग ले गए मार्च में। नारा लग रहा था, फ़लां फ़लां... मार्च ऑन... मार्च ऑन। लेकिन समूह में नारा लग रहा था तो मुझे सुनाई दिया "मादर***, मादर***" मैं हतप्रभ कि क्या कैंपस है? इतना खुला विचार है यहां। मैंने भी दो बार संगत दी। मादर***मादर***

पीछे मेरा दोस्त खड़ा था। उसने कंधा पकड़ा और किनारे ले गया। बोला, "अबे तुम क्या बोल रहे हो?" मैंने कहा, "अरे वही तो, ग़ज़ब कैंपस है बॉस।" दोस्त ने कहा, "अरे वो गाली नहीं है, मार्च ऑन, मार्च ऑन बोला जा रहा है।" मैं बुरी तरह झेंप गया। तब तक मेरी अंग्रेज़ी उतनी अच्छी नहीं थी। अंग्रेज़ी बोलने में झिझकता था। मेरी इस मूर्खता का किसी ने बुरा नहीं माना और मैंने एक नई बात भी सीख ली। अंग्रेज़ी में नारे। ये नारे सिर्फ़ अंग्रेज़ी में ही नहीं होते, बल्कि स्पैनिश और हिन्दी में भी कुछ नारे ख़ासे लोकप्रिय थे। जैसे, एक नारा था "कोगनितो एरगो सम" यह स्पैनिश भाषा थी और इसका मतलब मुझे बिलकुल नहीं आता था। इसका शाब्दिक अर्थ होता है- "मैं हूं, क्योंकि मैं सोचता हूं"

यह महान दार्शनिक डेकार्ते का कथन था, जिसे अंग्रेज़ी में कहा जाता था- "आई थिंक देयरफ़ोर आई एम" इन नारों के ज़रिए कई बार कई तरह के दर्शन और किताबों तक का रेफ़रेंस हम पा जाते थे।

•••

मैं यह कह सकता हूं मैंने जेएनयू में इतिहास बनते देखा है। एबीवीपी या परिषद का पहला प्रेसिडेंट हमारे समय में ही बना। नाम था संदीप महापात्रा। साल था 2000। चूंकि मैं परिषद के अंदर की ख़बर नहीं जानता इसलिए बाहर जो हुआ, वह बताता हूं। जिस दिन नामांकन होने थे, चुनाव के उस दिन टेफ़्लास के बाहर परिषद के दो गुटों के बीच भयंकर झड़प हुई थी। अफ़वाह थी कि जिस गुट को टिकट की अपेक्षा थी, उसे नहीं मिला था, तो समर्थक आपस में लड़ पड़े थे। ख़ासी मारपीट हुई थी लेकिन परिषद ने मामले को ठीक-ठाक दबा लिया। हालांकि शाम में परिषद से जुड़े एक लड़के पर हमला भी हुआ।

इसके बाद अंदर की राजनीति जो भी हुई हो। संदीप महापात्रा उम्मीदवार घोषित हुए और एसएफ़आई की तरफ़ से भी कैंडिडेट बदला। बीजू कृष्णन दोबारा खड़े हुए। यह आश्चर्यजनक था क्योंकि प्रेसिडेंट के लिए अल्बीना शकील का नाम था हवा में। जमकर कैंपेनिन्ग हुई और परिणाम आया। एक वोट से संदीप महापात्रा जीते। जी हां, एक वोट से। यह जॉर्ज बुश के अमेरिका में एक वोट से जीतने का भी साल था लेकिन कैंपस में कोई लड़ाई नहीं हुई। सबने परिणाम स्वीकारा और इस तरह से संदीप परिषद के पहले प्रेसिडेंट हुए।

संदीप के कार्यकाल में कोई महान काम वैसे ही नहीं हुआ, जैसे कि किसी एसएफ़आई या आइसा वाले के कार्यकाल में नहीं होता है। बस इतिहास बन गया, जिसके बाद आइसा ताक़तवर हुई। हालांकि एबीवीपी के लोग कैंपस में रेलवे रिज़र्वेशन काउंटर और बस पास सेंटर खुलवाने का श्रेय इस कार्यकाल को देते हैं।

•••

जेएनयू की छात्र राजनीति के बारे में मेरा अपना एक विश्लेषण है। इसमें सहमति-असहमति हो सकती है।

जेएनयू में बीए सिर्फ़ विदेशी भाषाओं में होता है। जर्मन, स्पैनिश, रूसी, जापानी, रशियन, कोरियन आदि। बाद बाक़ी एमए हैं- अंतरराष्ट्रीय संबंध, सोशियोलॉजी, एजुकेशन, हिस्ट्री, इनवायरनमेंटल साइंस, बायो टेक, कंप्यूटर साइंस, पॉलिटिकल साइंस।

भाषा वाले स्कूल में मूल रूप से अखिल भारतीय विद्यार्थी परिषद का दबदबा होता है और बीए में कुछ अपवादों को छोड़ कर यही बात साइंस के लिए भी कही जा सकती है। सामाजिक विज्ञान के स्कूलों में लेफ्ट का। पढ़ने-लिखने के बाद आपकी मूर्खता कम हो जाती है। आप सवाल करते हैं तो आप वामपंथी कहलाने लगते हैं।

कैंपस में किसी भी पार्टी के काडर्स की संख्या कुछ सौ ही होती है। समर्थक हज़ारों में होते हैं। पढ़ने-लिखने के बाद, यानी एमए करने के बाद ज़्यादातर लोग वामपंथ की तरफ़ आकर्षित होते हैं लेकिन बड़ी आबादी पार्टी ज्वाइन नहीं करती है, बल्कि कोशिश करती है कि कैंपस में लेफ्ट के दल जीतें और परिषद की घटिया क़िस्म की मूर्खतापूर्ण राजनीति से दूर रहा जाए।

इसका कारण पता नहीं कि बीए वाले क्यों परिषद के समर्थक होते हैं, लेकिन एक बात साफ़ है कि परिषद का समर्थन करने वाले अधिकतर लोग ऊंची जाति के होते हैं। दलित न के बराबर समर्थन करते हैं परिषद का। कैंपस की यह मोटा-मोटा राजनीति तब से रही है, जब से कैंपस बना है। अब इंजीनियरिन्ग, मैनेजमेंट के स्कूल खुलने के बाद यह राजनीति कितनी बदलेगी, अभी कहना मुश्किल होगा।

• • •

जेएनयू क्लासरूम, प्रोफ़ेसर और छात्र राजनीति तक ही सीमित नहीं है। एक अच्छा विश्वविद्यालय होने के पीछे कई और कारण हैं, मसलन यहां आने वाले छात्रों की पृष्ठभूमि। मेरे जैसा छात्र, जो छोटी-सी कॉलोनी से आया था, बमुश्किल अंग्रेज़ी बोल पाता था, आत्मविश्वास की कमी थी, वह उन बच्चों के साथ पढ़ रहा था, जो दिल्ली, बंबई के कॉन्वेंट स्कूलों में या स्टीफ़ंस या जीसस एंड मैरी जैसे एलीट कॉलेजों से पढ़कर आए थे। ये छात्र फ़रटि से अंग्रेज़ी बोलते, उनका आत्मविश्वास हम जैसों से दोगुना होता और वे हर कार्यक्रम में बढ़-चढ़कर हिस्सा लिया करते थे।

इसमें नोट करने वाली बात यह होती कि कैंपस के प्रोफ़ेसर कभी इन दो तरह के छात्रों में स्पष्ट भेदभाव नहीं करते। कभी जेएनयू के किसी प्रोफ़ेसर ने यह नहीं कहा कि तुम्हारी अंग्रेज़ी ख़राब है और तुम अच्छा नहीं लिख सकते हो। वे हमेशा कहते- "तुमने जो लिखा है, उससे बेहतर कर सकते हो, थोड़ी-सी मेहनत और कर लो।" प्रोफ़ेसरों का यह कहना बहुत भरोसा देता और साथ में दिल्ली के अंग्रेज़ीदां बच्चे भी बहुत मदद किया करते।

जिसे हम अंग्रेज़ी में पियर ग्रुप डिस्कशन कहते हैं, वह जेएनयू में बहुत आम बात थी। अलग-अलग राज्यों के अलग-अलग भाषा बोलने वाले बच्चे एक कमरे में रहते और उनकी बातचीत होती रहती। गंभीर मुद्दों पर वे देर रात तक हॉस्टल के कमरों में बहसें करते। लोग एक-दूसरे के बारे में जाना करते और उस हिसाब से अपने पेपर तक लिखा करते थे।

छात्रों के बीच बातचीत और बहस की यह परंपरा देखनी हो, तो जेएनयू के ढाबे इसके लिए सबसे अच्छी जगह हैं, जहां देर शाम से लेकर देर रात बहसों का अड्डा लगा रहता है। अलग-अलग गुटों में लोग विभिन्न विषयों पर आपस में ही बात करते मिल जाते हैं और इन्हीं बातचीतों में कई बार पीएचडी के विषय तक तय हो जाया करते हैं।

जेएनयू में सीखी गई बातें सिर्फ़ परीक्षा पास करने या पीएचडी पूरी करने के लिए नहीं होती हैं, ये जीवन भर की सीखें होती हैं, जिन्हें मुझ जैसे कई लोग अपनाते हैं। ऐसा कैसे होता है? कई बार सीनियर छात्र जब आईएएस, आईपीएस या किसी अच्छी नौकरी में जाते हैं और प्रेम विवाह करते हुए दहेज नहीं लेते हैं तो उसका असर बाक़ी छात्रों पर भी पड़ता है। जेएनयू में कोई सीनियर नहीं कहता कि दहेज मत लो। वे शादी करते हैं और आप उस शादी में जाएं, जो कोर्ट में हो रही हो या मंदिर में, तो आपको ख़ुद ही लगता है कि यह एक सही फ़ैसला है।

मैंने भी अपने जीवन के कई फ़ैसलों के लिए हिम्मत जेएनयू में पढ़ते हुए जुटाई। मैं जेएनयू में आकर बदला। मैं जब जेएनयू आया था, तो लड़कियों के साथ बात करने में डरता था। उनके बारे में मेरे मन में कुंठित ख़्याल होते थे लेकिन कैंपस में धीरे-धीरे मित्रताएं होने लगीं। दिमाग़ खुलता गया। कह सकते हैं, मेरा आकाश बड़ा हुआ।

उन दिनों मेरे बड़े भइया मुझसे मिलने जेएनयू आए हुए थे। मैं उन्हें लेकर गंगा ढाबे पर गया। हम लोग चाय पी रहे थे और सामने से मेरी क्लास की कई लड़कियां आ रही थीं। उनमें से कुछ लड़कियां सिगरेट पी रही थीं। मेरी बातचीत हुई और वे चली गईं। मेरे बड़े भइया ने घर जाकर बताया कि मैं हाथ से निकल गया हूं।

लड़कियों का सिगरेट पीना बुरा होता है और लड़कों का सिगरेट पीना अच्छा होता है। मैं ऐसी समझों से बाहर निकल गया था। मैं यह बात अपने बड़े भाई को समझा नहीं सकता था। मेरे बड़े भाई का यह कहना कि मैं हाथ से निकल गया हूं, मेरे माता-पिता को बाद में समझ में आया, जब मैंने उनकी मर्ज़ी से शादी करने से इनकार कर दिया। मैंने न केवल प्रेम विवाह किया, बल्कि दहेज में एक भी पैसा लेने से इनकार किया। मां-पापा को बुरा लगा लेकिन जब लड़का हाथ से निकल चुका था, तो निकल चुका था।

फ़ैसले लेना जेएनयू ने सिखाया और मैं बहुत खुश हूं कि मैंने पैसे होते हुए भी अपनी शादी एक मंदिर में की। मेरी पत्नी भी जेएनयू की है। हालांकि वह डे स्कॉलर थी, तो उसका हॉस्टल का अनुभव वैसा नहीं है, जैसा मेरा है।

...

जब एमए ख़त्म होने लगा, तो मुझे तनाव हुआ कि एमफ़िल में एडमिशन कैसे होगा? प्रोफ़ेसरों ने कहा कि अरे, जेएनयू वालों को ही प्रेफ़रेंस मिलेगा लेकिन लिखित परीक्षा में ठीक करना होगा। लिखित परीक्षा दी। इंटरव्यू से पहले प्रपोज़ल लिखा। गुरुजी यानी प्रोफ़ेसर पंत से मिलने गया। उन्होंने कहा- "देखो, तुम्हें जो लगता है लिखो। परेशान मत हो।" उनका हमेशा कहने का लहज़ा यही रहा- परेशान मत हो, देखा जाएगा लेकिन इसका यह कतई मतलब नहीं होता था कि वह कोई मदद करेंगे। दो सालों में उनको जितना जाना था, उससे यही तय था कि प्रपोज़ल अच्छा नहीं होगा, तो वह एडमिशन नहीं होने देंगे।

इंटरव्यू में पुष्पेश सर ने खूब सवाल पूछे। मैंने हर संभव जवाब दिया। मुझे लगा कि एडमिशन हो जाएगा। रिज़ल्ट आया तो मैं टॉपर था। मेरे ही एक दोस्त ने आपत्ति की पुष्पेश सर से कि सुशील तो पढ़ता नहीं था, फिर भी टॉप कैसे हो गया?

गुरुजी ने कहा, "लिखित में सुशील के नंबर बहुत अधिक हैं। इंटरव्यू में मैंने कम ही दिया है, फिर भी टॉपर है।"

मैं वही सुशील था, जिसने एमए का एंट्रेंस हिन्दी में दिया था और एमफ़िल का एंट्रेंस अंग्रेज़ी में देकर टॉप किया। ये है, जो कैंपस आपको देता है। डिप्लोमेसी सेंटर उस समय कैंपस के बेहतरीन सेंटरों में माना जाता था और वहां एडमिशन होना मुश्किल माना जाता था। यह मेरे लिए बड़ी बात थी और मैं इससे खुश भी हुआ था लेकिन आगे चलकर पता चला कि रिसर्च के एंट्रेंस में टॉप करने से कुछ होता नहीं है। रिसर्च के लिए जितनी मेहनत करनी होती है, वह टॉपर के लिए भी उतनी ही होती है, जितनी किसी और छात्र के लिए।

...

एमफ़िल का एंट्रेंस आसान नहीं होता है। जेएनयू में पढ़ चुके छात्रों के लिए भी यह परीक्षा कठिन मानी जाती है। मैंने तैयारी के लिए एक सीनियर से संपर्क किया तो उन्होंने कहा, "तुम तबरेज़ से मिल लो। वह उसी विभाग में सीनियर है, जिसमें तुम अप्लाई कर रहे हो।

वह झेलम हॉस्टल के कमरा नंबर 345 में रहता है।" झेलम हॉस्टल में रहने वाले तबरेज़ के बारे में मैंने किसी और से भी सुना था कि वह बहुत पढ़े-लिखे ज़हीन छात्र हैं। मैं जाने में थोड़ा डर रहा था, फिर भी हिम्मत करके गया। कमरे का दरवाज़ा खुला हुआ था। सामने एक अधनंगा आदमी बैठा था। हल्की-सी गंज। ऊपर ख़ाली बदन। नीचे गमछा। सामने एशट्रे, सिगरेट के टुकड़ों से लगभग भरा हुआ।

मैंने कहा- "तबरेज़ सर का कमरा?"

"हां, यही है। आप कौन?"

"मेरा नाम सुशील है। राहुल सर ने कहा था कि आपसे मिल लूं। मैं एमए फ़ाइनल ईयर में हूं। डिप्लोमेसी सेंटर में अप्लाई किया है। तैयारी के बारे में थोड़ी-सी सलाह चाहिए।"

"पहले अंदर तो आ जाओ।" गमछा पहने तबरेज़ सिगरेट पीते रहे। फिर बोले, "चलो चाय पीने।" ढाबे पर चाय पीते हुए उन्होंने मेरे बारे में कुछ-कुछ चीज़ें पूछीं।

फिर बोले- "आते रहा करो रात में चाय पीने। ऐसे ही हो जाएगी तैयारी।" अगले कई दिन तबरेज़ भाई के साथ चाय पीता रहा और उन्होंने बातों-बातों में तैयारी करवा दी। मूल बात यह थी कि ख़ुद पढ़ना होगा। बेसिक्स ये रहे- यह जनाब पूरी ज़िंदगी के लिए मेरे दोस्त बन गए। ये लोग आपको कैंपस में कभी किसी पार्टी के मार्च ऑन में नहीं दिखेंगे। ऐसे कई लोग हैं, जो चुपचाप अपना काम करते रहते हैं। पीएचडी के दौरान ही तबरेज़ के कुछ लेख इकोनॉमिक एंड पॉलिटिकल वीकली पत्रिका में छपे, जो बड़ी बात मानी जाती थी।

आज की तारीख़ में तबरेज़ आईआईटी मद्रास में प्रोफ़ेसर हैं।

•••

जेएनयू में असल पढ़ाई सीनियरों के साथ उठते-बैठते ही होती है। हम जिसे अकादमिक माहौल कहते हैं, वह क्लासरूम के बाहर अच्छे सीनियर्स के साथ ही मिलता है, चाय पीते हुए, सेमिनार में बैठे हुए, जंगलों में टहलते हुए। ऐसे ज़हीन सीनियर, जो लंबा समय शोध में बिता चुके होते हैं और उनकी शोध से जुड़ी अपनी एक समझ बन चुकी होती है। कई बार लगता है कि जो प्रोफ़ेसर क्लासरूम में पढ़ाते हैं, उससे बेहतर सीनियर छात्र ही पढ़ा सकते हैं। यह बात मुझे बहुत बाद में पता चली कि अमेरिकी विश्वविद्यालयों में पीएचडी के दौरान सीनियर छात्र ग्रेजुएशन और एमए के छात्रों को पढ़ाते हुए, पढ़ाने का अनुभव अर्जित करते हैं। जेएनयू में ऐसी व्यवस्था तो नहीं है लेकिन अगर होती तो

इससे बहुत लाभ हो सकता था। एमए-बीए के छात्रों को भी और पीएचडी कर रहे छात्रों को भी।

मेरी एमफ़िल की तैयारी कराने वाले सीनियर कोई एक नहीं थे। ऐसे कई छात्र कैंपस में हमेशा होते हैं। ऐसे छात्र अमूमन हॉस्टल के तीसरे फ़्लोर पर रहते हैं, जहां उन्हें सिंगल कमरा मिला होता है और वे अकेले किताबों के साथ रहते हैं। ऐसे सीनियर छात्र राजनीतिक प्रदर्शनों में, ढाबे पर बैठकी करते हुए या पर्चेबाज़ी करते हुए कम दिखेंगे। ये आमतौर पर लाइब्रेरी में, शाम के समय या डिनर के बाद कैंपस में पैदल अकेले टहलते हुए या कहीं चुपचाप बैठे सिगरेट पीते हुए चिंतन-मनन करते दिख जाते हैं। उनसे थोड़ा-सा परिचय हो, तो वे आपसे अपना ज्ञान शेयर करने में हिचकते नहीं हैं।

मुझे साहित्य में रुचि ऐसे ही एक सीनियर के कारण हुई, जो देर रात पढ़ने के बाद उठते, तो मेरे कमरे में आते और कहते- "चलो चाय पीने।" मैं एमफ़िल में आ चुका था और हॉस्टल के दूसरे फ़्लोर पर रहता था। वह अक्सर चाय पीते हुए डेरेक वाल्कॉट, न्गूगी वा थियोंगो और न जाने किन-किन विदेशी कथाकारों-कवियों के बारे में बताते रहते। मैं मन ही मन नाम नोट करता रहता और बाद में इंटरनेट पर जाकर ये नाम खोजता। उस सीनियर का विषय साहित्य नहीं था। वह राजनीति विज्ञान में पीएचडी कर रहे थे लेकिन उन्हें कविताएं लिखने का शौक़ था। हालांकि उन्होंने कभी मुझे कविताएं नहीं सुनाईं मगर कई कवियों का कलाम उन्हें जुबानी याद था। उस समय उनके पसंदीदा कवि विदेशी हुआ करते थे, बाद में जब वह प्रोफ़ेसर हुए, तो उन्होंने भारत और पाकिस्तान के कवियों के बारे में कुछ लेख लिखे।

•••

मैं जब एमफ़िल कर रहा था, तभी मुझे बीबीसी में नौकरी मिली। मेरे लिए नौकरी बड़ी बात थी और चूंकि बीबीसी की नौकरी थी, तो मैं छोड़ना भी नहीं चाहता था। मैंने अपने गाइड पुष्पेश पंत को यह बात बताई तो वह बोले- "बधाई हो। तुम्हारी बॉस का फ़ोन आया था। तुम्हारे बारे में पूछताछ हो रही थी।" प्रोफ़ेसर पंत ने मेरे बारे में बहुत अच्छी बातें कही थीं, जो मुझे बीबीसी आने के बाद पता चलीं।

मैंने कुछ महीने नौकरी करते हुए एमफ़िल जारी रखा। मेरा दूसरा साल था और मैं अपने एमफ़िल शोध के तीन चैप्टर लिख चुका था। मुझे बस इंट्रोडक्शन और अंतिम के दो चैप्टर लिखने थे। नौकरी शुरू करने के बाद समय बहुत मुश्किल से मिल रहा था और धीरे-धीरे मेरा मन शोध से उचटने लगा था। मुझे रिपोर्टिंग करने में अतिरिक्त मज़ा आने लगा था

और मैं कैंपस की लाइफ़ से बाहर निकल कर पत्रकार के जीवन का आनंद लेने लगा था। मुझे कुछ ही महीनों में लंदन जाना था और ऐसे समय में ही मैंने तय किया कि एमफ़िल पूरी नहीं करूंगा।

मैंने जब इस बारे में प्रोफ़ेसर पंत से कहा तो उनकी पहली प्रतिक्रिया थी- "एक चिट्ठी लिख दीजिए।" मैंने चिट्ठी लिख कर दी तो उन्होंने पहली बार मुझे डांटा- "आप समझते क्या हैं खुद को? आप घर आइए शाम में। आपसे बात करनी है।"

घर जाते ही उन्होंने बहुत प्यार से समझाया कि मैंने आधी एमफ़िल लिख ली है और मुझे इसे पूरा करना चाहिए। मैंने बताया कि मुझे दफ़्तर से छुट्टी नहीं मिल सकती है और बिना छुट्टी के काम करना बहुत मुश्किल है। उन्होंने मेरे सामने ही मेरे संपादक को फ़ोन किया और कहा कि सुशील को छुट्टी दी जाए, ताकि वह एमफ़िल लिख सके।

मेरा दफ़्तर इस मामले में अच्छा था। शायद इसलिए भी कि मेरी बॉस जेएनयू से थीं। उन्होंने न केवल छुट्टी दी, बल्कि मुझे दफ़्तर से एक लैपटॉप भी दिया कि मैं अपनी एमफ़िल टाइप कर सकूं। मुझे नौकरी करते हुए पांच महीने हुए थे और मुझे बीस दिन की छुट्टी मिल गई थी। उन बीस दिनों में दिन-रात एक करके मैंने दो चैप्टर लिखे और एमफ़िल जमा कर पाया।

अगर प्रोफ़ेसर पंत नहीं होते, तो मैं कभी एमफ़िल नहीं कर पाता।

• • •

मैं जब लंदन से लौटा, तो मेरे पास कोई कमरा नहीं था। मैंने अपने सीनियर और मित्र तबरेज़ से ज़िक्र किया, तो उन्होंने बताया कि वह खुद खुर्शीद भाई के यहां 'पिग' (परमानेंट इल्लीगल गेस्ट) हैं। मेरे लिए लंदन से भारत में कमरा खोजना संभव नहीं था, तो मैं लौटकर कुछ दिनों के लिए खुर्शीद भाई के कमरे में ही रुका। खुर्शीद भाई के पिग तबरेज़ और तबरेज़ का दोस्त मैं। खुर्शीद भाई पांच वक़्त नमाज़ पढ़ने वाले व्यक्ति थे। मैं और तबरेज़ नीचे सोते। खुर्शीद भाई सुबह पांच बजे उठते और हमसे कहते- मियां बेड पर चले जाइए। मैं चला जाता। तबरेज़ और खुर्शीद भाई नमाज़ पढ़कर नीचे सो जाते।

ये दोनों हमारे सीनियर थे लेकिन उन्होंने कभी नहीं कहा कि बेड से नीचे आकर सो जाओ। धर्म को लेकर मेरी समझ भी खुर्शीद भाई के साथ रहकर बहुत व्यापक हुई। अरबी भाषा की पढ़ाई करने के बाद इस्राइल में हिब्रू पढ़कर लौटे खुर्शीद इमाम को जेएनयू में सारे लोग पसंद करते हैं। दाढ़ी और टोपी लगाए खुर्शीद भाई से आप धर्म के बारे में और दर्शन के बारे

में विस्तार से चर्चा कर सकते हैं। वह सामाजिक विषयों पर दाढ़ी वाले मौलानाओं के इतर एक मुक्तलिफ़ राय रखते हैं। अगर उनसे आपके विचार न मिल रहे हों, तो वह बुरा नहीं मानते। ख़ूब मज़ाक करने वाले और दूसरों की राय की क़द्र करने वाले खुर्शिद इमाम जैसे लोगों के साथ ने भी मुझे बहुत कुछ सिखाया।

खुर्शिद भाई फ़िलहाल जेएनयू में प्रोफ़ेसर हैं। वह संभवत: अब भी भारत में एकमात्र प्रोफ़ेसर हैं, जो हिब्रू और अरबी फ़रटिट से बोल और समझ सकते हैं।

• • •

जेएनयू में मुस्लिम समुदाय को लेकर शुरुआत से ही बहुत उदार रवैया रहा, जैसा कि नेहरूवादी सेकुलर राजनीति में रहा है। न तो मुस्लिमों के तुष्टिकरण जैसी कोई बात थी और न ही मुस्लिमों की तरफ़ से कोई ख़ास राजनीतिक घालमेल था। जेएनयू को लंबे समय से देखने वाले लोग बताते हैं कि नब्बे के दशक में अलीगढ़ मुस्लिम विश्वविद्यालय से आए छात्रों के कारण मुस्लिम आईडेंटिटी की राजनीति जेएनयू में शुरू हुई। मुस्लिमों को वोट बैंक की तरह देखा जाने लगा और उसका उस तरह से इस्तेमाल कैंपस में होने लगा। इससे पहले मुस्लिम छात्र हर संगठन में रहते और कई बार केंद्रीय भूमिका में भी होते। यह कहना ज़्यादा सही होगा कि ग्यारह सितंबर की घटना के बाद जहां मुस्लिम समुदाय में पहचान का संकट गहराया, वहीं जेएनयू के एक वर्ग में हिन्दुत्व को भी थोड़ा-सा बल मिला। इसका सबसे बड़ा उदाहरण था जेएनयू में दुर्गा पूजा की शुरुआत होना।

इस शुरुआत के पीछे तर्क यह था कि रमज़ान के समय जब कैंपस के हॉस्टलों में इफ़्तार का कार्यक्रम हो सकता है तो दुर्गा पूजा क्यों नहीं? दुर्गा पूजा पहले नहीं होती थी। यह सिलसिला नब्बे के दशक के उत्तरार्ध में ही किसी समय शुरू हुआ। यह शुरुआत की थी पेरियार हॉस्टल ने।

यह मामला धार्मिक से अधिक वैचारिक तनातनी का था। लेफ़्ट के ख़िलाफ़ संगठन को मज़बूत करने की दिशा में संस्कृति का सहारा लिया जा रहा था। चूंकि लेफ़्ट के लोग भी कोलकाता में दुर्गा पूजा मनाते ही थे, तो उनके लिए बहुत मुश्किल था कैंपस में इस मामले में विरोध कर पाना। दुर्गा पूजा के समय वैसे भी ज़्यादातर लेफ़्ट के लोग बंगाल चले जाते थे।

पहले-पहल शस्त्र पूजा जैसे आयोजनों का छात्रों ने भी विरोध किया लेकिन फिर इसका विरोध बंद हो गया। दुर्गा पूजा होने लगी। हालांकि पूरे कैंपस में इसे बहुत बड़ी स्वीकृति नहीं मिली लेकिन छात्रों का एक तबका इससे हमेशा जुड़ा रहा और यह तबका वही था- अखिल भारतीय विद्यार्थी परिषद का वोट बैंक।

जेएनयू में आप पीएचडी में आ जाएं, तो छात्र यदा-कदा शराब पीते हैं। शराब पीना बुरी बात नहीं मानी जाती थी। शराब पीकर बदमाशी करने को बहुत बुरा माना जाता था। पीने वाले ऐसे-ऐसे लोग थे कि पीने के बाद फूको और देरिदा की किताबों पर लंबी-लंबी बहस किया करते।

एक मानस भट्टाचार्य जी थे, जिन्हें सब लोग मानस दा ही बोलते। वह अंग्रेज़ी में बेहतरीन कविताएं लिखा करते थे। दुबले-पतले मानस दा देर रात नशे में किसी और से सिगरेट मांगने के लिए अपने कमरे से निकलते। सिगरेट सुलगाने के बाद वह फ्रॉस्ट, गेटे और न जाने किस-किस कवि की बातें बताते रहते।

मैं जिस कमरे में था, उसके पास ही मानस दा का कमरा था और वह जब भी रात में निकलते, मुझ जैसे छात्र सिर्फ़ उन्हें सुनने के लिए उनके आसपास खड़े हो जाते। कविताओं का ज़िक्र करते हुए उनकी जुबान में ऐसी नफ़ासत आ जाती कि लगता नहीं कि वह नशे में हैं। अंग्रेज़ी की उनकी पकड़ किसी अंग्रेज़ से कम नहीं थी। आधे-आधे घंटे पर सिगरेट पीते हुए वह लगातार बोलते। चार्म्स - यही उनका ब्रांड था। सिगरेट सुलगा कर कविताओं की आलोचना करते हुए बताते कि कोई कविता अच्छी क्यों हैं। वह अपने कमरे से अचानक कोई किताब उठा लाते और उसमें से कविताएं सुनाने लगते। साथ ही और किताबों के नाम भी बताते जाते कि आलोचना के लिए ये किताबें पढ़नी चाहिए। मैं अक्सर उनके बताए नाम नोट कर लेता और दूसरे दिन लाइब्रेरी में जाकर वे किताबें खोजता। पांच में से कोई एक किताब मिलती, तो मैं पढ़कर खुश होता। जेएनयू में मेरी पढ़ाई ऐसे ही हुई थी।

कविताओं में रिल्के, बोर्हेस और नेरूदा का नाम उन्हीं से सुना था।

• • •

जेएनयू में एक अनुभव से मैं वंचित रह गया। प्रेम करने के अनुभव से। असल में जब जेएनयू पहुंचा था, तो मेरे हालात ठीक नहीं थे। मुझे पढ़ना था और बहुत पढ़ना था। मेरा सारा समय पढ़ने में निकल गया। मैं जेएनयू में सिर्फ़ किताबों से ही प्रेम कर पाया। हालांकि एमफ़िल में आने के बाद प्रेम हुआ लेकिन लड़की जेएनयू की नहीं थी। बस यह था कि लड़की के परिवार के कई लोग जेएनयू के रहे थे। ख़ैर, प्रेम हुआ और बाद में वह भी जेएनयू में आ गई। कालांतर में हमारी शादी हो गई। मैं और मीनाक्षी, यानी मेरी पत्नी दोनों जेएनयू से ही हैं और ससुराल में कई लोग जेएनयू के पुराने छात्र रहे हैं।

शादी के बाद जब मैंने और मीनाक्षी ने आर्टोलॉग नामक आर्ट प्रोजेक्ट शुरू किया, तो उसमें भी सबसे पहला आर्ट का काम जेएनयू में ही किया। जेएनयू में एक संगठन उस समय नया-नया बना था, जो कुछ छात्रों ने बनाया था। छात्रों का एक गुट था, जो कैंपस में बन रही नई इमारतों में काम करने वाले मज़दूरों के छोटे बच्चों को पढ़ाता। चूंकि ये मज़दूर एक जगह पर नहीं रहते थे, तो उनके बच्चे स्कूल नहीं जा पाते थे। जेएनयू के छात्रों ने इन बच्चों को पढ़ाना तय किया था और बारी-बारी से शाम को उन्हें पढ़ाया करते थे।

मुझे और मीनाक्षी को जब उनके काम के बारे में पता चला, तो हमने अपना आर्ट का पहला प्रोजेक्ट इन्हीं बच्चों के साथ किया था। मैं यह नहीं कहता कि बाक़ी विश्वविद्यालयों के छात्र ऐसा नहीं करते होंगे लेकिन सोच कर देखिए कि जेएनयू में जो ख़ुद ही छात्र है, वह पढ़ते हुए भी इतना जागरूक हो जाता है कि अपना समय निकाल कर उन ग़रीब बच्चों के बारे में सोचता है, जो स्कूल नहीं जा पा रहे हैं। मैं इसे इंसान बनने की प्रक्रिया का हिस्सा मानता हूं। इन ग़रीब बच्चों को पढ़ाने वाले कई छात्र अब दुनिया के अलग-अलग विश्वविद्यालयों में पढ़ा रहे होंगे। उनके पास अनुभव का संसार है जो उन्होंने जेएनयू में ख़ुद अर्जित किया है।

एकेडेमिक्स क्या है, अगर वह दूसरे इंसान के जीवन में कोई सकारात्मक परिवर्तन नहीं कर रही है तो? ऐसे शिक्षण का क्या लाभ, जो समाज को कोई लाभ न पहुंचा रहा हो? जेएनयू में यह नहीं सिखाया जाता कि पढ़ाई करिए और नौकरी करिए। जेएनयू में सिखाया जाता है कि इंसान कैसे बना जाए और शायद इसीलिए यहां के छात्र अच्छा बनने के क्रम मे अकादमिक रूप से भी बेहतर कर पाते हैं।

• • •

प्रेम के कई वाक़्ये हैं कैंपस में लेकिन उससे पहले निजता का एक सबक।

नर्मदा हॉस्टल का क़िस्सा है। लड़कों के हॉस्टल में लड़कियों के आने-जाने पर कोई रोक-टोक नहीं है लेकिन लड़कियां किसी लड़के के कमरे में रात में नहीं रुक सकती थीं। यह नियम था। हालांकि यह आम था कि गर्लफ्रेंड-बॉयफ्रेंड एक ही कमरे में रह जाएं। यह अठारह साल से बड़े किसी भी लड़के और लड़की का एक व्यक्तिगत फ़ैसला है। इस व्यक्तिगत आज़ादी को लेकर जेएनयू कैंपस में बहुत स्पष्टता थी। आमतौर पर छात्र भी इस बारे में कभी गॉसिप नहीं करते थे कि किस लड़की का किस लड़के से अफ़ेयर चल रहा है।

एक तरह से किसी भी लड़की के बारे में अनाप-शनाप बोलना निषिद्ध था। नर्मदा हॉस्टल के कमरों में भी लड़कियां अपने बॉयफ्रेंड्स के साथ रुकती थीं। यह आम बात थी। एक

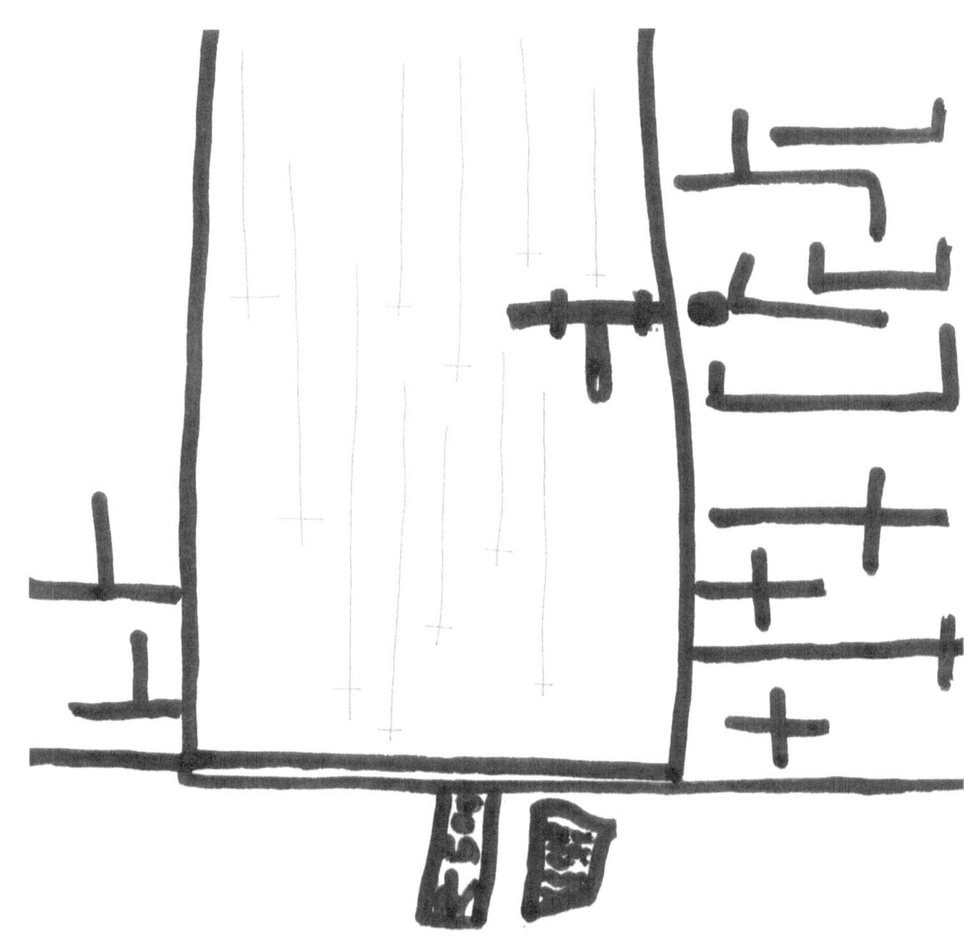

रात चेकिन्ग हुई। मेरे कमरे से दो कमरे छोड़कर तीसरे कमरे में एक कपल था। दोनों एमए के छात्र थे। चेकिन्ग होने लगी। चूंकि मैं नया था, तो अपने कमरे की चेकिन्ग के बाद वॉर्डन के पीछे-पीछे घूमने लगा। साथ में कई और नए लोग थे, जो देखना चाहते थे कि किसी कमरे में अगर लड़की हो, तो वॉर्डन क्या कहेंगे या इस मामले को कैसे डील करेंगे?

उस कमरे में वॉर्डन ने नॉक किया। अंदर से आवाज़ आई- "कौन है?"

"वॉर्डन"

"क्या चाहिए?"

"दरवाज़ा खोलिए, चेकिन्ग है।"

थोड़ी देर शांति रही, फिर दरवाज़े के नीचे से पांच सौ के चार नोट और साथ में हाथ से लिखी एक चिट सरकी, जिस पर लिखा था- "मेरी गर्लफ्रेंड मेरे साथ कमरे में है इसलिए प्लीज़ फ़ाइन कलेक्ट कर लें। थैंक्स।"

वॉर्डन ने नोट पढ़ा। पैसे और नोट उन्होंने वापस दरवाज़े के भीतर सरका दिए।

जेएनयू के प्रोफ़ेसरों और छात्रों का रिश्ता कुछ यूं हुआ करता था।

• • •

लड़कियों की बात चली है, तो एक और कथा। एक प्रेमी जोड़ा था। लड़की पटना की गोरी-चिट्टी। लड़का लखनऊ का। दोनों जगजीत सिंह के गाने सुनते और आशिक़ी की बातें करते। दोनों को देखते, तो लगता कि प्रेम तो यही है।

लड़की गंगा से बढ़िया खाना नर्मदा लाती और अपने बॉयफ्रेंड के मित्रों, यानी हम सबको खिलाती। इसका एक कारण यह भी था कि गर्ल्स हॉस्टल का खाना लड़कों के हॉस्टल की अपेक्षा बेहतर हुआ करता था। सर्द रातों में दोनों डिनर के बाद कंबल लेकर बाहर निकल जाते। सुबह वह क़रीब पांच बजे आता और सो जाता।

कई दिन ऐसा देखने के बाद मैंने पूछा- "आप इतनी ठंड में करते क्या हैं बाहर जाकर?"

जवाब था- "प्रेम करता हूं भाई।"

मैंने कहा- "कमरे में क्यों नहीं कर लेते? हम लोग बाहर चले जाएंगे।"

बंदे ने कहा- "तुम प्रेम करो यार, तब समझ में आएगा। जो मज़ा प्रकृति में है, वह कमरे में कहां!" दोनों जने घंटों पार्थसारथी रॉक्स पर बैठते थे और चांद को निहारते थे। एक ही कंबल में बैठे। मैंने बाद में नोटिस किया कि रात्रिकाल में कंबल लेकर ये दोनों उन पंद्रह दिनों में ग़ायब होते थे, जब चांद की चांदनी चरम पर होती थी।

मैंने ज़िक्र किया तो उस लड़के का कहना था- "अब आप प्रेम में पड़ने वाले हो।"

• • •

एक जोड़ा था। लड़का बिहारी, लड़की उड़ीसा की। खूब प्रेम। साथ में खाना-पीना, उठना-बैठना। दोनों साथ में यूपीएससी की तैयारी करते थे। दोनों ने परीक्षा दी। लड़की का हो गया। लड़का बेचारा रह गया। लड़की चली गई ट्रेनिन्ग करने मसूरी। न केवल वह ट्रेनिन्ग करने गई, बल्कि उस लड़के के साथ रिश्ता भी टूट गया। लड़का रह गया जेएनयू में। प्रेम छिन्न-भिन्न हो गया।

लड़के से ज़्यादा सदमा हम लोगों को लगा था क्योंकि जेएनयू में मान्यता है कि जो अफ़ेयर एक सेमेस्टर के बाद रह गया, वह शादी में बदलता है। यह अफ़ेयर चार से पांच सेमेस्टर रहा था, फिर भी इसका छिन्न-भिन्न होना सबका दिल दुखा गया था।

कुछ समय बाद लड़का लेक्चरर हो गया लेकिन मन की ख़लिश रही होगी। उसने फिर दिया यूपीएससी। इस बार सफल हुआ। लड़की को जो कैडर मिला था, उससे बढ़िया लड़के को मिला। लड़की तब तक शादी कर चुकी थी। फ़िलहाल लड़का भी शादी करके दो बच्चों का बाप हो चुका है। कहने को तो इस कहानी में कुछ भी नहीं है। यह एक सामान्य प्रेम कहानी लगती है लेकिन जब लड़के का दिल टूटा, तो उसका साथ देने सारे दोस्त आ गए थे। किसी ने यह नहीं कहा कि लड़की की ग़लती है। सबने कोशिश की कि यह बात भुला दी जाए। मित्रताएं जेएनयू की ऐसी ही होती थीं। दिल टूटा हो, तो शराब का सहारा कोई नहीं लेता। ऐसे में दोस्त आ जाते हैं। कोई दर्शन से, कोई प्रकृति के ज़रिए, तो कोई बातों से मन बहला कर टूटे दिल वाले लोगों को ठीक रास्ते पर ले आता है।

• • •

एक लड़का था आदित्य। गया का रहने वाला था। वह भी किसी रूम में थर्ड रूममेट था। गोरा-चिट्टा, लंबा, क्यूट-सा। तब तक मैं सीनियर हो चुका था। मैंने एक दिन यूं ही पूछा, "तुम कहां से आए हो?" इससे पहले कि वह जवाब देता, किसी और ने कहा- "अरे, यह बहुत

टैलेंटेड है। जापानी भाषा में आठ सीजीपीए (कुल नंबर एक सेमेस्टर में) लाता है।" यह बड़ी बात होती है- आठ सीजीपीए लैंग्वेज में।

मैंने पूछा- "बहुत पढ़ते हो?"

आदित्य इतना सुनकर बैठ गया मेरे पास और बोला- "सर, आपको पता नहीं है। मेरा एडमिशन थर्ड लिस्ट में हुआ था इसलिए हॉस्टल नहीं मिला। जापानी भाषा ही पढ़नी थी। मन लग गया है तो नंबर आ रहे हैं।" जो एंट्रेंस में टॉपर था, वह जापानी भाषा में फ़ेल हो रहा था। यह भी होता है जेएनयू में। जो प्रवेश परीक्षा में टॉप करता है, ज़रूरी नहीं कि वह अपनी क्लासेज़ में बेहतर ही करे। मैं जब एमए करने आया था, तो सूची में मेरा नाम बहुत पीछे था लेकिन क्लास में मैंने अच्छी पढ़ाई की और ग्रेड के मामले में शीर्ष दस में स्थान बना पाया था। हमारे बैच में जिसने प्रवेश परीक्षा में शीर्ष स्थान प्राप्त किया था, उसने आगे चलकर पढ़ाई नहीं की और स्पोर्ट्स कंसल्टेंसी में चला गया।

जेएनयू सबके बस की बात भी नहीं है। यहां रट्टा मारकर पढ़ना संभव नहीं है। अगर आप अपने आस-पास, अपने समाज के विषय में सोच नहीं रहे हैं, तो आपके लिए मुश्किल हो सकती है कि आप पढ़ाई और अपने शोधकार्य में आगे कैसे बढ़ेंगे? अगर आपके जीवन का उद्देश्य पढ़ने के बाद सिर्फ़ नौकरी पाना है, तो जेएनयू आपके लिए नहीं है।

आदित्य जापानी भाषा से बीए करने के बाद जापान चला गया और उसने आगे की पढ़ाई जापान में ही पूरी की और लंबे समय तक जापान में रहा।

• • •

मैं अब जेएनयू से निकल चुका था। बग़ल में रहता था। एक दिन जूनियर लोगों ने कहा- "कहां हैं सर? आइए, कभी बीयर पीजिए हमारे साथ।" लैंग्वेज वाले गाइडिन्ग में खूब पैसा कमा रहे थे उन दिनों।

अरुणांशु नाम का जूनियर था। शुक्रवार की रात हम लोग छत पर बैठ गए बीयर पीने। छह-आठ पीने के बाद मैंने कहा कि भाई ऐसा है, मैं तो अब बुलेट चलाऊंगा नहीं। मुझे सोने की जगह दो। मुझे एक कमरे में सुला दिया गया। रात में टॉयलेट जाने के लिए उठा, वापसी में वह कमरा मैं भूल गया, तो अरुणांशु के कमरे की बजाय ऋषि के कमरे में चला गया।

वहां ऋषि का रूममेट अपनी गर्लफ्रेंड के साथ बैठा था। मैंने उससे कहा कि सॉरी यार, मुझे उस कमरे में पहुंचा दो, जहां मैं सोया था प्लीज़। रूममेट को लगा कि मैं नशे में हूं

और यही कमरा खोज रहा हूं। उसने सम्मान से कहा- "सर आप यहीं सो जाइए।" मैं धड़ से बिस्तर पर लुढ़क गया। सुबह उठा तो अरुणांशु ने कहा- "सर आपने तो लड़के की रात ख़राब कर दी।"

मुझे पूरी बात समझ में आई, तो मैंने जाकर उस लड़के से माफ़ी मांगी। वह बोला- "अरे सर, हमारी ग़लती थी। हम ज़्यादा स्मार्ट बन रहे थे।"

• • •

जेएनयू में एक मामू भी हैं। उर्दू सेंटर में पीएचडी करने वाले मामू का असली नाम बहुत कम लोगों को पता है। उनका असली नाम शहज़ाद इब्राहिमी है लेकिन दुनिया उन्हें मामू के नाम से ही जानती है। मामू को शेर-ओ-शायरी का बहुत शौक़ था और खाना पकाने का भी। मामू ने ख़ूब नौकरियां खोजीं। अंत में वह ईटीवी में पत्रकार हो गए। मामू ग़ज़ब के बातूनी हैं और चाट तो हैं ही। घंटों चाटते रहेंगे और आप ख़ुशी-ख़ुशी चटते रहेंगे। चाटने से यहां अभिप्राय मनोरंजन से ही है। कुछ साल नौकरी करने के बाद मामू को नौकरी जमी नहीं और उन्होंने नौकरी छोड़ दी।

नौकरी छोड़ने के बाद उन्होंने तय किया कि वह जेएनयू में ढाबा खोलेंगे। एड ब्लॉक के पीछे मामू ने ढाबा खोला और जमकर खाना पकाया। लोगों ने साथ दिया और उनका ढाबा जम गया। यह एक कठिन फ़ैसला था किसी ऐसे व्यक्ति के लिए, जिसने उर्दू भाषा में पीएचडी की हो कि वह प्रोफ़ेसर न बनकर, ढाबा चलाने लगे।

ऐसा फ़ैसला जेएनयू का कोई छात्र ही ले सकता था और जेएनयू के प्रोफ़ेसर ही ऐसे फ़ैसले का समर्थन भी कर सकते थे। मामू का ढाबा अच्छा चल रहा है और वह पैसे कमाने के साथ लिखना भी जारी रखे हुए हैं, भले ही उनके शेरों में वैसा दम नहीं है।

मैं मामू जैसे लोगों को जेएनयू का प्रतिनिधि छात्र इसलिए भी मानता हूं कि अगर जेएनयू नहीं होता, तो शायद मामू जैसे लोग अपने मन की नहीं कर पाते। मामू को खाना बनाना और खिलाना पसंद है लेकिन यह काम कितने मां-बाप अपने बच्चों को करने देते हैं? जेएनयू के छात्रों ने और प्रोफ़ेसरों ने अपने एक छात्र का सहयोग किया कि वह अपना सपना पूरा करे। भले ही मामू पैसे कम कमा पा रहे हों लेकिन कम से कम वह ख़ुश तो हैं।

जेएनयू ने हमें यह भी सिखाया कि ख़ुश होना ज़्यादा ज़रूरी है बनिस्बत किसी नौकरी में दुखी रहने के। जेएनयू में ढाबा चलाने वाले मामू जेएनयू के अकेले छात्र नहीं हैं, उनके

अलावा एक तौसीफ़ नाम का भी छात्र है, जिसने पढ़ाई करने के बाद जेएनयू में ही एक रेस्तरां खोला है।

•••

सपने। छोटे-छोटे सपने। हम सब सपने देखते हैं। मैंने भी जेएनयू में पढ़ने का सपना देखा था और वह जब पूरा हुआ, तो ज़ाहिर है कि ख़ुशी हुई थी। जेएनयू में आने के बाद कई सारी छोटी-छोटी बातें जीवन के बारे में समझ में आईं, मसलन जेएनयू में मिलने वाला खाना।

मैं जिस तरह की ग़रीब पृष्ठभूमि से था, वहां घर में बहुत अच्छा खाना नहीं मिल पाता था। जेएनयू के हॉस्टल में मिलने वाला खाना मेरे घर में मिलने वाले खाने से कहीं अधिक पौष्टिक और बेहतर था। अपने घर में चाय और बासी रोटी का नाश्ता करने वाला मेरे जैसा लड़का जेएनयू में ब्रेड के साथ जैम, बटर खा पा रहा था, साथ में दूध भी। नाश्ते में दूध पीना मेरे लिए किसी लग्ज़री जैसा ही था।

मैं शुरुआती दिनों में सुबह होने का इंतज़ार करता था। मैंने थोड़े पैसे ख़र्च करके चाय और दूध पीने के लिए एक स्टाइलिश बड़ा मग्गा ख़रीदा था। लंच में चावल, रोटी, दाल, सब्जी, दही और सलाद आम बात थी। दाल एकदम गाढ़ी, जो मुझे हजम नहीं होती थी क्योंकि इतनी गाढ़ी दाल की आदत नहीं थी। कई लोग मानेंगे नहीं लेकिन यह सच है कि हममें से कई बच्चों के अपने घरों में भी इतना अच्छा खाना नहीं मिलता था।

मुझे याद है, जब पहली बार लंच टेबल पर खाने बैठा था तो पांच रोटियां और फिर चावल खा लिया था क्योंकि खाना बहुत स्वादिष्ट लगा था। हर दिन मिलता था अच्छा खाना, तो बाद में बोरिन्ग लगने लगा। यह खाना किसी सरकारी सब्सिडी से नहीं मिलता था। बच्चों का मेस बिल काफ़ी सस्ता आता था क्योंकि मेस का हिसाब-किताब छात्र ही करते थे। हर महीने एक छात्र मेस सेक्रेटरी होता था, जो एक परमानेंट मैनेजर के साथ हिसाब रखता था।

हफ़्ते में तीन दिन बुध, शुक्र और रविवार को नॉन वेज। बाक़ी दिन वेज। शनिवार को अधिकतर होस्टलों में खिचड़ी, पापड़, दही, अचार का चलन अब भी है।

•••

अब ढाबों के बारे में। जेएनयू के ढाबे जेएनयू का अभिन्न अंग हैं। ये ढाबे सिर्फ़ चाय-नाश्ता या खाने की जगहें नहीं हैं, बल्कि सांस्कृतिक अड्डे हैं, जहां लोग बनते-बिगड़ते हैं। मुद्दों को लेकर उनकी समझ दुरुस्त होती है।

जेएनयू को जो थोड़ा-बहुत भी जानते होंगे, वे गंगा ढाबा को ज़रूर जानते हैं। गंगा ढाबा के काउंटर पर बैठने वाले का भी नाम सुशील है। वहां मिलता है आलू बोंडा, समोसा और घटिया चाय। डिनर में अंडा परांठा, आलू परांठा और सब्ज़ी, ब्रेड ऑमलेट। जेएनयू में अस्सी के दशक में पढ़ने वाले एक छात्र के अनुसार, गंगा ढाबा की शुरुआत बहुत अजीबो-ग़रीब ढंग से हुई थी।

अस्सी के दशक में जेएनयू में एक बहुत बड़ा आंदोलन हुआ और इस कारण यूनिवर्सिटी को कुछ समय के लिए बंद करने की नौबत आ गई थी। कई छात्र गिरफ़्तार हुए और तिहाड़ जेल भेज दिए गए। जेल में ही जेएनयू के छात्रों के साथ एक ऐसे लड़के की मित्रता हो गई, जो किसी छोटी-मोटी चोरी के इल्ज़ाम में बंद था।

जेएनयू के छात्र जब ज़मानत पर बाहर आए, तो उन लोगों ने उस चोर की भी ज़मानत दी और उसे लेकर कैंपस आ गए। कहा जाता है कि उस लड़के के लिए जेएनयू के छात्रों ने काम का प्रस्ताव रखा और इस तरह से उसे गंगा ढाबा चलाने का मौक़ा मिला। ढाबा चलाने वाला वह युवक कौन था, यह बहुत कम लोगों को पता है। हमारे समय में जो लोग ढाबा चला रहे थे, वह संभवत: उस युवक के परिवार के दूसरे लोग थे।

गंगा ढाबा की ख़ासियत यह है कि पिछले बीसियों सालों से वहां एक ही तरह की घटिया चाय बन रही है। यह चाय न बेहतर हुई, न ख़राब हुई। गंगा की चाय में नॉस्टैल्जिया है। गंगा के आलू परांठे मिथकीय परांठे होते हैं। इनमें जो आलू खोज लेता है, वह बुद्धिजीवी घोषित कर दिया जाता है। जिन्हें गंगा पर अच्छी चाय पीनी होती है, वे एक रुपया एक्स्ट्रा देकर कहते हैं - दूध पत्ती। वैसे यह चाय भी कुछ ख़ास नहीं होती है।

गंगा पर लोग चाय पीने आते भी नहीं, बतियाने, ज्ञान का आदान-प्रदान करने और नारे लगाने आते हैं। रात के बारह बजे यहां सबसे अधिक भीड़ होती है और रात के दो बजे अगर वहां कोई बैठा है, तो समझिए उसका डिनर छूट गया और अब बालक भूखा है। ढाबा रात के ढाई-तीन बजे बंद होता है लेकिन उसके बाद भी बच्चे बैठे रहते हैं। वहां यदा-कदा गरमागरम बहस में फूको, मार्क्स, देरिदा, ज़ीज़ेक के नाम गूंजते हैं।

गंगा ढाबे पर जितना अधिकार जेएनयूवासियों का है, उतना ही अधिकार उन छात्रों का भी है, जो जेएनयू के आसपास रहते हैं। वे इस ढाबे के सस्ते आलू परांठों पर जीवन बिताते हैं और कभी-कभी मीडिया के सामने जेएनयू के बारे में बहुत अच्छा बोलते हैं। उनके जीवन की अमिट इच्छाओं में से एक जेएनयू में पढ़ना होता है। इस तरह से देखें, तो जेएनयू

राजधानी दिल्ली के एक कोने में बसा सिर्फ़ विश्वविद्यालय नहीं है, जिसे अपने बाहर के इलाक़ों से कोई मतलब न हो। यह कैंपस अपने आसपास के माहौल को भी प्रभावित करता है और उसे अपने में मिलाए रखता है। जेएनयू से पढ़ने के बाद निकलने वाले कई छात्र इन्हीं इलाक़ों में बसते हैं, जो जेएनयू के पास हैं।

मैं भी ऐसे ही लोगों में से रहा, जो जेएनयू छोड़कर कभी दूर नहीं जा पाया। मैंने एक समय में जेएनयू से दूर दिल्ली के दूसरे इलाक़े में किराए पर घर लिया लेकिन दो महीने में ही मुझे लगा कि मैं पागल हो जाऊंगा और वापस जेएनयू के पास वसंत कुंज में रहने लगा। जेएनयू मेरे लिए ऑक्सीजन की तरह था। भले ही कुछ सालों के बाद मेरी जान-पहचान के लोग जेएनयू में कम हो गए थे लेकिन मुझे उस कैंपस में जाने के बाद लगता था कि मैं किसी सुरक्षित जगह पर हूं।

...

कैंपस के लगभग बीच में स्थित गोदावरी ढाबा सबसे सुंदर ढाबा है क्योंकि इसके एक तरफ़ पेरियार हॉस्टल है और दूसरी तरफ़ गोदावरी। गोदावरी लड़कियों का हॉस्टल है। आगे आप समझ ही गए होंगे कि यह सुंदर क्यों है! लेकिन ईमानदारी की बात यह है कि गोदावरी की चाय सबसे अच्छी होती है। कड़क, तेज़ पत्ती वाली। पीकर मन तृप्त हो जाए। यह और बात है कि चाय का ऑर्डर लेने वाला आदमी देखने में बड़ा चीकट लगता था लेकिन था बहुत तेज़।

पेरियार के सामने ही दुर्गा पूजा का पंडाल बनता था और पेरियार अमूमन परिषद वालों का गढ़ माना जाता था। मैं गोदावरी तब ही जाता, जब कड़क चाय की इच्छा होती लेकिन साथ के लोगों को गोदावरी के कारण वहां जाना अच्छा लगता था।

मैंने आज तक जेएनयू में किसी लड़के को किसी लड़की को घूरते हुए नहीं देखा। देखना भी हो तो ऐसे देखिए कि पता न चले। ये बातें सीनियर समझा देते थे कि किसी भी लड़की को घूर-घूर कर नहीं देखना है। सीनियर छात्र बहुत को-ऑपरेट करते हैं जूनियरों के भकुआए सेंस को ठीक करने में। सीनियर छात्राएं भी असहज नहीं होने देती हैं। अगर किसी से प्रेम हो रहा हो तो सीनियर मदद कर देते हैं।

कैंपस में कभी भी प्रेम का मज़ाक नहीं उड़ाया जाता है। यह भी एक अच्छी बात थी। हां, पेरियार में एक सीनियर थे। ग़ज़ब के स्मार्ट। वह अमिताभ बच्चन की नकल करते थे। लेकिन

हाय रे जेएनयू! इतने स्मार्ट आदमी की कभी कोई गर्लफ्रेंड कैंपस में नहीं बनी। आलोचक कहते हैं कि वह परिषद में थे इसलिए ऐसा हुआ। मेरा मानना है कि सीनियर स्मार्ट बहुत थे लेकिन लड़कियों से वह बहुत डरते थे।

• • •

साबरमती हॉस्टल के बारे में लिखना भी ज़रूरी है। यह मेरे समय का एकमात्र हॉस्टल था, जहां एक विन्ग में लड़कियां और एक विन्ग में लड़के रहते थे। लड़कियां, लड़कों के कमरे में आ सकती थीं लेकिन लड़के, लड़कियों के विन्ग की तरफ़ नहीं जा सकते थे। बाद में तासी हॉस्टल बना और अब कई हॉस्टल हैं, जहां एक विन्ग में लड़के और दूसरे में लड़कियां रहती हैं।

मेस में खाने की टेबल और कॉमन रूम यानी टीवी रूम एक ही था। अब इसका असर यह होता था कि लड़कियां और लड़के दोनों ही नाश्ते, लंच और डिनर के समय हाथ-मुंह धोकर, बाल ठीक-ठाक करके और अच्छे नहीं, तो साफ़ कपड़े पहनकर ही मेस में आते। अधिकतर लड़कियों के हाथ में चम्मच होती दाल और दही के लिए। हमारे जैसे उज्जड हाथ से ही दही खाया करते। लड़कियों के साथ लंच के कई फ़ायदे होते हैं। आप सज्जन हो जाते हैं। खाते समय आवाज़ नहीं करते हैं। साफ़-सुथरा दिखने की कोशिश करते हैं।

साबरमती में कई लड़के लंच टेबल पर शर्ट टक-इन कर के, बेल्ट लगाकर, जूते पहन कर आते थे मानो ऑफ़िशियल डिनर हो। एक दिक्क़त यह थी कि कॉमन रूम में आप शोर नहीं मचा सकते थे। एक बार नर्मदा हॉस्टल वालों का मेस पंद्रह दिन के लिए साबरमती शिफ़्ट हुआ। हम लोग हर दिन जाते, बिना हल्ला किए चुपचाप खाते और लौटते में टीवी देखते।

उन दिनों फुटबाल का वर्ल्ड कप चल रहा था और हमारे मेस का आख़िरी दिन था। हम क़रीब बीस लड़के थे। तय हुआ कि कुछ किया ही जाए। लौटते हुए हम सब मैच देखने रुके और जैसे ही गोल हुआ सारे नर्मदा वाले इतनी ज़ोर से चिल्लाए कि लड़के-लड़कियां सब मेस छोड़कर देखने आए कि क्या हो गया। साबरमती के कॉमन रूम में कभी इतना शोर नहीं हुआ था। जैसे ही वे आए, हम सारे लड़के दौड़कर नर्मदा भाग गए।

अगली बार से नर्मदा का मेस दूसरी जगह शिफ़्ट होना बंद हो गया। मैंने जेएनयू में बहुत कम बदमाशियां की हैं लेकिन यह एक ऐसी बदमाशी थी, जिसे याद करके मैं अब भी हंसता हूं।

चूंकि मेरा लंबा समय झेलम हॉस्टल में बीता इसलिए झेलम की कथाएं ढेर सारी हैं। हॉस्टल सिर्फ़ जेएनयू में नहीं होते हैं। हर यूनिवर्सिटी में हॉस्टल्स होते हैं और हर हॉस्टल की अपनी कहानियां होती हैं। जेएनयू के हॉस्टल्स की कहानियां अपनी तरह की ही होती थीं और वहां से बहुत कुछ सीखा जा सकता था इसलिए ये कहानियां बताना मुझे ज़रूरी लगता है।

मेरा कमरा नंबर था 152। कमरे से सटा हुआ दरवाज़ा वॉर्डन का था, ताकि वह जब चाहे हॉस्टल में आ सकें। वॉर्डन जेएनयू में ही पीएचडी के बाद प्रोफ़ेसर बने थे। एक दिन सुबह सात बजे दरवाज़े पर नॉक हुआ। मैंने खोला, तो देखा वॉर्डन खड़े हैं। मैंने पूछा- “चेकिन्ग?” वॉर्डन बोले- “नहीं यार… टूथपेस्ट दे दो।”

मैंने टूथपेस्ट दिया। सर ने ब्रश पर लगाया और थैंक्यू बोलकर अपने घर में घुस गए। दूसरे दिन फिर वॉर्डन आ गए। बोले- “सॉरी यार, मैं ख़रीदना भूल गया। पेस्ट दे दो।”

तीसरे दिन भी यही हुआ, तो मैंने जाकर एक नया टूथपेस्ट ख़रीद लिया। चौथे दिन सर ने दरवाज़ा नॉक किया तो मैंने दरवाज़ा खोला और कहा- “सर, यह पूरा टूथपेस्ट आपके लिए ही है। रख लीजिए।”

सर बोले- “अरे यार! मैं तो तुम्हारे लिए नया ख़रीद लाया था। तीन दिन में तुम्हारा बहुत इस्तेमाल कर लिया मैंने।”

चूंकि वॉर्डन भी जेएनयू से ही पढ़े हुए थे, तो यह मज़ाक किया जा सकता था। उन्होंने इस बात का बुरा नहीं माना कभी। जेएनयू में एक बार थोड़े सीनियर हो जाते हैं, तो प्रोफ़ेसर आपको छात्र की तरह कम और एक नौजवान स्कॉलर की तरह अधिक ट्रीट करते हैं। यह संभवत: बाक़ी विश्वविद्यालयों में कम होता होगा।

• • •

झेलम में एक और सीनियर थे, जिनके साथ मैं चाय पीने जाया करता था। वह सीनियर थे अभिलाष राउल, जो क्लाइमेट चेंज के एक्सपर्ट थे। पर्यावरण की कोई भी संधि पूछ लीजिए, अभिलाष के पास बिलकुल सटीक और अपडेटेड जानकारी हुआ करती थी। वह फ्रेंचकट दाढ़ी रखते थे और सिगरेट पीते थे। उड़ीसा के थे। अच्छी अंग्रेज़ी बोलते थे और अंतरराष्ट्रीय मामलों पर अच्छी बहस किया करते थे। उनके लिए हर बहस के केंद्र में जलवायु परिवर्तन ही हुआ करता। वह छोटी-से-छोटी बात को जलवायु परिवर्तन की विभीषिका से जोड़ सकते थे।

उनके साथ बाहर टहलने निकलो, तो जहां-तहां वह चिड़िया दिखा कर बोलते- "देख सुशील, मैगपाई मेटिन्ग... मैगपाई मेटिन्ग।" मैं गोरैय्या से ऊपर चिड़िया पहचान नहीं पाता था और अभिलाष हर चिड़िया को मैगपाई मेटिन्ग बोल-बोलकर और कनफ़्यूज़ कर देते थे लेकिन मैं चुप रहता था। अभिलाष के कारण कैंपस में कई ऐसी जगहों का पता चला, जहां अलग-अलग तरह की चिड़िया देख जा सकती थीं। कुछ पक्षियों की पहचान भी हुई। प्रकृति और जलवायु परिवर्तन से जुड़ी बहसों में अभिलाष राउल से की गई बातों ने मेरी समझ बहुत बेहतर की है।

अभिलाष ने कुछ समय विश्व बैंक में काम किया और उसके बाद अब आईआईटी मद्रास में पढ़ाते हैं।

लोग कैसे बदलते हैं जेएनयू में?

जब मैं नर्मदा हॉस्टल में रहता था, उन दिनों हम सभी पर टीवी का भूत सवार था। वह एक नई चीज़ हुआ करते थी। उस ज़माने में हमारे घर में ब्लैक एंड व्हाइट टीवी था और दिल्ली में ही मैंने पहला रंगीन टीवी देखा था। हॉस्टल के कॉमन रूम में रंगीन टीवी सैमसंग का था, जो चौबीस घंटे चलता था। तब लोग रात के नौ बजे राजदीप सरदेसाई का शो देखा करते थे, एकदम चुपचाप। उसके बाद अंग्रेज़ी फ़िल्म देखने के लिए स्टार मूवीज़ लगा दिया जाता, बशर्ते क्रिकेट मैच न आ रहा हो। बीच-बीच में कोई हिन्दी फ़िल्म या गानों का दीवाना आ जाता, तो एमटीवी लग जाता।

रात के दो बजे एक लड़का आता था। उसका नाम अनुराग था। गोलू-मोलू अनुराग आकर दरी पर लेट जाता और रिमोट छीन कर चैनल बदलता। वह चैनल बदल कर सिर्फ़ और सिर्फ़ अंग्रेज़ी फ़िल्में देखता था, रात के दो बजे से सुबह सात बजे तक। जब हम लोग नाश्ते के लिए जा रहे होते, तो अनुराग बाबू भी बड़े कप में चाय लेकर कमरे में सोने जा रहे होते।

अनुराग बिहार का था और फ्रेंच भाषा में था। वह कैंपस में आया, तो उसे ठीक से अंग्रेज़ी भी नहीं आती थी। तीन साल में कैंपस से जब निकला, तो फ़र्राटेदार फ्रेंच और अंग्रेज़ी में बातें करने लगा था। वह अब किसी मल्टीनेशनल कंपनी में काम करता है और फ्रेंच भाषा का बड़ा जानकार माना जाता है।

• • •

एक रमन नाम का दोस्त था- बेगूसराय से। रमन चीनी भाषा में पढ़ाई करता था लेकिन चीनी भाषा में उसकी बिलकुल रुचि नहीं थी। शुरुआती दौर में रमन ने बहुत कोशिश की कि चीनी भाषा में कुछ बेहतर कर ले, लेकिन बी-प्लस से बेहतर ग्रेड वह कभी नहीं ला पाया। रमन को उसके सारे दोस्त रमना ही बोलते थे। रमना औसत क़द-काठी का, पतली मूछ्छों और चेहरे से अनुपात में बड़ी आंखों वाला लड़का था। दिन में उसके कमरे में जाने पर वह बनियान और हाफ़ पैंट में कुर्सी पर दोनों पैर चढ़ा कर बैठा हुआ मिलता। अपनी जगह से बिना उठे वह मुझसे कहता, "का बे पत्रकार, का फैलाए रहते हो?" इससे उसका

अभिप्राय रहता कि मैंने क्या किया है आज? रमना एकमात्र दोस्त था, जिसके सामने मैं चुप रहता, वर्ना वह बहुत मज़ा लेता था। रमन जैसा विट बहुत कम लोगों में होता था।

हमारे साथ के जितने भी लोग थे, सब रमना के मज़ाकिया स्वभाव को जानते थे और कोशिश करते थे कि उसके मज़ाक की रेंज से बचे रहें। हम सभी लोग उसे बस लड़की वाले मामले में छेड़ पाते। हम कहते कि रमना, इतनी लड़कियां हैं, अप्रोच क्यों नहीं करते?

रमना का जवाब होता- "धुर साला! कोई पटेगी हमसे? वह बोलेगी आम और हम इमली बोलके मज़ाक उड़ा देंगे उसका। अइसे ही ठीक हैं हम।"

रमना सिर्फ़ अपने बड़े भइया से डरता था, जो जेएनयू के ही सीनियर थे। वह कभी कैंपस आते, तो हम सब को बुला-बुलाकर बारी-बारी से डांटा करते थे। मैं अगर रमना से अधिक मज़ाक कर लेता, तो वह इस बात की धमकी देता था कि पत्रकार, जादे बोलोगे न, तो भइया आएंगे तो तुम्हारे साथ बैठा देंगे भइया को।

रमन उन लोगों में से भी था, जिसका मन पढ़ाई से जेएनयू में आने के बाद उचट गया। ऐसा भी होता है। चीनी भाषा या किसी और भाषा में पढ़ते हुए अगर आपका पहला सेमेस्टर ख़राब हो जाए, तो उसके बाद संभालना मुश्किल काम होता है। रमन के साथ शायद यही हुआ था। पहले ही सेमेस्टर में अपने घर को मिस करने वाला रमन अच्छे ग्रेड नहीं ला पाया और पूरी ग्रेजुएशन के दौरान वह आधे-अधूरे मन से ही पढ़ाई कर पाया। पढ़ाई में जो कमी रह गई, उसकी पूर्ति रमन ने सांस्कृतिक रूप से सक्रिय होकर की। अपने सेंटर के कार्यक्रम आयोजित करने से लेकर हॉस्टल में सारे आयोजन करना रमन का प्रिय काम था। हॉस्टल नाइट के आयोजन से लेकर मेस मैनेजमेंट में उसका कोई सानी नहीं था। पार्टी चाहे कोई भी हो, हॉस्टल नाइट के लिए रमना से सलाह-मशविरा किया जाता। रमना कामों में उतना ही हस्तक्षेप करता, जितनी ज़रूरत हो। हम सब उससे कहते कि वह एक दिन अच्छा मैनेजर बनेगा।

रमन वाक़ई बाद में ओरेकल नाम की बड़ी कंपनी में मैनेजर बन गया। उसे लड़की भी मिली और उसने भी अंत में प्रेम-विवाह किया।

• • •

जेएनयू में यदा-कदा कुछ अजीबोगरीब दिखने वाले लोग घूमते मिल जाते हैं। लोग इन्हें पागल कहते हैं लेकिन जेएनयू में इन्हें कोई भी पागल नहीं कहता। उनके लिए एक सम्मानित शब्द है- फ़लाना जी "खुल गए हैं", जिसके कई मायने हैं। एक यह भी

कि इमैन्सिपेट हो गया है, मतलब कि अब उसे दीन-दुनिया की छोटी-मोटी बातों से कोई लेना-देना नहीं रह गया है। महान दार्शनिक फूको की किताब है "मैडनेस एंड सिविलाइज़ेशन", जिसमें पूरी बहस इसी पर है कि जो पागल है, वह पागल है या फिर जो दुनिया सभ्य है, वह पागल है। किताब में शोध के ज़रिए फूको ने साबित किया है कि पुराने ज़माने में पागल लोगों को जेलों में बंद नहीं किया जाता था, बल्कि समाज में उन्हें एक अलग तरह का दर्जा हासिल था। शायद यह एक कारण हो कि जेएनयू में किसी को भी पागल नहीं कहा जाता है।

दुनिया में दो तरह के लोग हैं- एक, जिनका दिमाग बंद है, जो सभ्य हैं और एक वह, जो खुले हुए हैं या पागल हैं। मैंने जेएनयू में रहते हुए दो-तीन मामले देखे, जिसमें लोग खुल गए थे। एक सीनियर थे साइंस के। गोरे-चिट्टे। रिसर्च में लगे रहते। एक दिन सिगरेट पीते हुए यूं ही गुनगुनाने लगे। क़रीब बारह साल हो गए, वह आज भी गुनगुना ही रहे हैं। सालों हो गए, वह कैंपस छोड़ने के बाद भी कैंपस के पास ही रहते रहे।

ऐसा एक और मामला था ब्रह्मपुत्र हॉस्टल में, जहां एक सीनियर सुबह अख़बार लेते थे, उसे बाल्टी में भिगो देते थे, फिर पढ़ते थे। हर कैंपस में ऐसे लोग ज़रूरी होते हैं, ताकि कैंपस की सैनिटी बनी रहे। एक प्रोफ़ेसर भी थे, जो स्टैनफ़ोर्ड से पढ़ कर आए थे। तिब्बती थे। स्कूल ऑफ़ इंटरनेशनल स्टडीज़ में। ग़ज़ब के ज्ञानी। कालांतर में "खुल गए"। गर्मी के दिनों में पत्ते जलाकर आग तापते थे। उनकी किताबें अमेरिकी यूनिवर्सिटी में पढ़ाई जाती हैं। आख़िरी समय में उन्हें क्लासेज़ नहीं दी जाती थीं लेकिन उनसे कुछ लोग बात किया करते थे। वह कभी-कभी कमाल की बात कर जाते। बाक़ी समय चुप रहते थे। ऐसे लोगों की श्रृंखला में रमाशंकर यादव विद्रोही का नाम भी आता है, जिन्हें सोशल मीडिया आने के बाद जेएनयू के बाहर के लोगों ने भी जाना।

रमाशंकर यादव उर्फ़ विद्रोही, जेएनयू में अस्सी के दशक से लेकर 2015 तक महीना-डेढ़ महीना बिताने वाले छात्र भी विद्रोही को चेहरे से पहचानते थे। विद्रोही जेएनयू की विद्रोही आत्मा के प्रतीक थे। वह मूल रूप से कवि थे लेकिन कविताएं लिखते नहीं थे। वह कविताएं बोलते जाते थे, जिसे ठीक लगा, वह इन कविताओं को लिख लेता था और विद्रोही को दे देता था। विद्रोही ने कभी परवाह नहीं की कि वह कविताओं को छपवाएं। हालांकि जेएनयू के छात्रों ने ही उनका एक कविता संग्रह छपवाया था।

विद्रोही को लेकर कैंपस में तरह-तरह की भ्रांतियां थी। नए छात्र उन्हें पागल समझते थे लेकिन पुराने छात्र उनकी पृष्ठभूमि जानते थे। विद्रोही छात्र के रूप में ही कैंपस आए थे और राजनीतिक गतिविधियों में सक्रिय हो गए थे। उन्हें कैंपस में किस आधार पर कोर्स से

निकाला गया था, इसे लेकर किसी के भी पास स्पष्ट जानकारी नहीं है। कोर्स से निकाल दिए जाने के बाद विद्रोही ने हॉस्टल तो छोड़ दिया लेकिन कैंपस नहीं छोड़ा।

शादी और बच्चों की पैदाइश के बाद भी विद्रोही जेएनयू में ही बने रहे। वह किसी के कमरे में नहीं रहते, बल्कि जेएनयू के जंगलों में ही कहीं सो जाते। कोई उन्हें खाना खिला देता, कोई चाय पिला देता। विद्रोही बरसों तक कैंपस में ऐसे ही रहे। विरोध प्रदर्शनों में कविता पाठ करना या भाषण दे देना, कभी-कभी चिल्ला पड़ना और रात-भर कैंपस में घूमते रहना। यही विद्रोही की दिनचर्या थी। ऐसा नहीं था कि विद्रोही का परिवार नहीं था। जेएनयू के बाहर ही उनकी पत्नी और बच्चे रहते थे लेकिन विद्रोही को उनसे कोई ख़ास लगाव नहीं था। वह कभी-कभार घर जाते। उन्हें बाद में भी कई बार जेएनयू से निकाला गया लेकिन छात्रों के बीच-बचाव के साथ ही वह फिर से कैंपस में वापस आ जाते।

विद्रोही वामपंथी थे लेकिन वह खुद को कवि कहलाना पसंद करते थे। इसके अलावा उन्होंने कभी खुद को और कुछ नहीं कहा। ऐसा नहीं था कि विद्रोही ने महान रचनाएं कीं लेकिन उनकी कुछ कविताएं बेहद मारक रहीं और उनकी मृत्यु के बाद ख़ासी लोकप्रिय हुई। मसलन "मैं किसान हूं, आसमान में धान बो रहा हूं" और "औरत" को बहुत सराहा गया। ये दोनों कविताएं उनके संग्रह में भी हैं। सोशल मीडिया के आने के बाद विद्रोही को जेएनयू से बाहर भी पहचान मिली लेकिन वह व्यवस्थित जीवन के ख़िलाफ़ रहे और मरते दम तक जेएनयू में ही बने रहे।

कुछ लोग रमाशंकर यादव उर्फ़ विद्रोही को जेएनयू का सबसे महत्त्वपूर्ण प्रतीक बताते हैं लेकिन ऐसा कहना मेरे हिसाब से अतिशयोक्ति है। यह एक तरह बेवजह का रूमानीपन है ग़रीबी, तंगहाली और समाज से अकारण बग़ावत को विद्रोह और कविता की ताक़त बना कर पेश करने का। विद्रोही जेएनयू के कई रंगों में से एक रंग थे। इन्हीं रंगों में गोरख पांडे जैसे लोग भी हुए हैं, जिनकी कविताएं आज भी याद की जाती हैं। गोरख पांडे का जीवन भी कष्टों से भरा रहा और समय से पहले उनका निधन हो गया।

जेएनयू में अधिकतर बच्चे वामपंथी क्यों होते हैं?

जवाब थोड़ा लंबा है। जेएनयू में अधिकतर बच्चे बेहद ग़रीब पृष्ठभूमि से आते हैं क्योंकि जेएनयू भारत का एकमात्र विश्वविद्यालय है, जहां बैकवर्ड इलाक़े के लिए भी अतिरिक्त नंबर मिलते हैं। एक्स्ट्रा मार्क्स यानी कि अगर मैं झारखंड से हूं, तो मुझे दिल्ली वाले की तुलना में पांच नंबर एक्स्ट्रा मिलेंगे। ऐसे राज्यों की, ज़िलों की लिस्ट है, जो भारत सरकार के अनुसार पिछड़े हुए हैं। इससे यह होता है कि छोटे-छोटे गांवों के बच्चे पढ़ने आ पाते हैं। उनकी सोच व्यापक होती है। वे यहां आकर नई चीज़ें देखते हैं, सीखते हैं। ऐसे बच्चों से आप क्या उम्मीद करते हैं कि वे ग़रीबों के विरोध में बोलेंगे? बाज़ार की अर्थव्यवस्था का समर्थन करेंगे? वे तो उनके साथ जाएंगे, जो ग़रीबों की बात करता हो।

अब लेफ़्ट पार्टियां ग़रीबों के भले के लिए भले ही कुछ न करें लेकिन ग़रीबों के हित की बात तो करती ही हैं। ऐसे में अधिकतर बच्चों का झुकाव वाम की तरफ़ हो जाता है। युवाओं से आप दुनिया बदलने की उम्मीद तो करते हैं, तो वे अपनी ग़रीबी की दुनिया बदलने की ही तो बात करते हैं।

दूसरे दलों के लिए चुनौती गंभीर है। वे छात्रों को तर्कों के ज़रिए यह बताने में असमर्थ रहे हैं कि पूंजीवादी बाज़ार वाली अर्थव्यवस्था के बड़े फ़ायदे हैं। धीरे-धीरे जब ये बच्चे एमए कर लेते हैं, तो इन्हें भी समझ आता है कि लेफ़्ट वाले मूर्ख बनाते हैं। फिर वह अपनी समझ से अपना रास्ता बना लेते हैं, जो शायद लेफ़्ट और राइट के बीच कहीं होता है- दिमाग़ वाला।

यही कारण है कि लेफ़्ट कैंपस में भले ही बहुत ताक़तवर रहता हो, पर कभी कैंपस से बाहर पाँव नहीं पसार पाता है।

• • •

एक बात और कि जेएनयू में दक्षिणपंथी दल यानी अखिल भारतीय विद्यार्थी परिषद क्यों नहीं जीत पाता है या फिर अपनी पैठ क्यों नहीं बना पाता है? मेरी समझ परिषद के मित्रों से बातचीत के आधार पर ही है। पहली समस्या यह है कि परिषद में कैडर नहीं है। परिषद के सारे कैडर असल में कैडर नहीं, लीडर हैं। सबको काउंसलर बनना होता है या फिर सेंट्रल पैनल में खड़ा होना होता है। बाद बाक़ी जो होते हैं, वे समर्थक होते हैं।

समर्थक और कैडर के अंतर को समझिए- समर्थक सिर्फ़ वोट देता है। कभी-कभी पार्टी को डिफ़ेंड करेगा लेकिन पार्टी के लिए पर्चा चिपकाने का काम नहीं करेगा। परिषद से जुड़े लोगों में, कुछ नहीं हुआ, तो किन्गमेकर बनने की चाह ज़रूर होती है। संदीप महापात्रा के समय यह बदला था। उड़ीसा के बच्चों ने न केवल समर्थन किया, बल्कि संदीप के लिए कैनवासिंग की। वोट मांगे। पर्चे चिपकाए। नतीजा संदीप की जीत था। संदीप महापात्रा परिषद के एकमात्र उम्मीदवार थे, जो जेएनयू में प्रेसिडेंट बने थे।

लेफ़्ट में कैडर बहुत होते हैं। कुछ को मैं जानता हूं, जो कैंपस में दस साल रहे और हमेशा सिर्फ़ और सिर्फ़ पोस्टर चिपकाने का काम करते रहे रात में। पीएचडी में आकर भी वे न तो काउंसर लड़े और न ही किसी और पोस्ट पर। वे पोस्टर चिपकाने वाले ही रहे। वे हर प्रोटेस्ट मार्च में नारे लगाने में आगे रहते और फिर चुपचाप अंधेरे में कहीं सरक जाते। गुमनाम तो ख़ैर नहीं थे लेकिन कैंपस में लेफ़्ट के ऐसे कई कैडर अब भी हैं, जो वाक़ई अंदर से वामपंथी हैं। वे अब भी ग़रीबी ख़त्म करने का सपना देखते हैं।

• • •

जेएनयू में एक "जीएसकैश" होता था - जेंडर सेंसिटाइज़ेशन से जुड़ी कमिटी। यह कमिटी बाद में बदल गई लेकिन जेएनयू का यह अपने आपमें अनोखा प्रयोग था, जो सफल भी हुआ। अगर कोई लड़का किसी लड़की को तंग करता, तो लड़की इस आयोग में शिकायत कर सकती थी। आयोग में छात्रों का एक प्रतिनिधि होता था, जो चुनाव में चुना जाता था। इसके अलावा शिक्षक होते थे। पूरी सुनवाई होती थी और तब फ़ैसला होता था।

शुरुआती दौर में जीएसकैश के तहत कुछ आशिक़ों पर एक्शन भी हुआ। एक आशिक़ थे, ख़ून से चिट्ठियां लिख देते थे। चेतावनी दी गई, फिर आगे चलकर कैंपस से एक साल के लिए सस्पेंड भी हुए। ख़ैर, सुना है कि वह लेक्चरर हैं इन दिनों। इश्क़ का भूत उतरा या नहीं, पता नहीं। लेकिन आगे चलकर लेफ़्ट पार्टियों ने इसका दुरुपयोग किया और आपस में ही राजनीतिक गोल सेट करने के लिए दूसरे दलों के छात्रों पर लड़कियों के साथ अभद्रता के आरोप लगाए।

नुक़सान यह हुआ कि जीएसकैश जैसी अनोखी संस्था की क्रेडिबिलिटी दांव पर लग गई। 2013 में भारत सरकार ने नियम बनाया कि हर यूनिवर्सिटी में जेंडर से जुड़े भेदभावों की सुनवाई के लिए कमिटियां होनी चाहिए। जेएनयू में भी इस पर लंबा विचार हुआ और जीएसकैश की व्यवस्था में थोड़े से बदलाव कर के आईसीसी – इंटरनल कम्प्लेन कमिटी बनी। आईसीसी की व्यवस्था जेएनयू में 2017 में लागू हुई, जिसमें शिक्षक सदस्य होते हैं

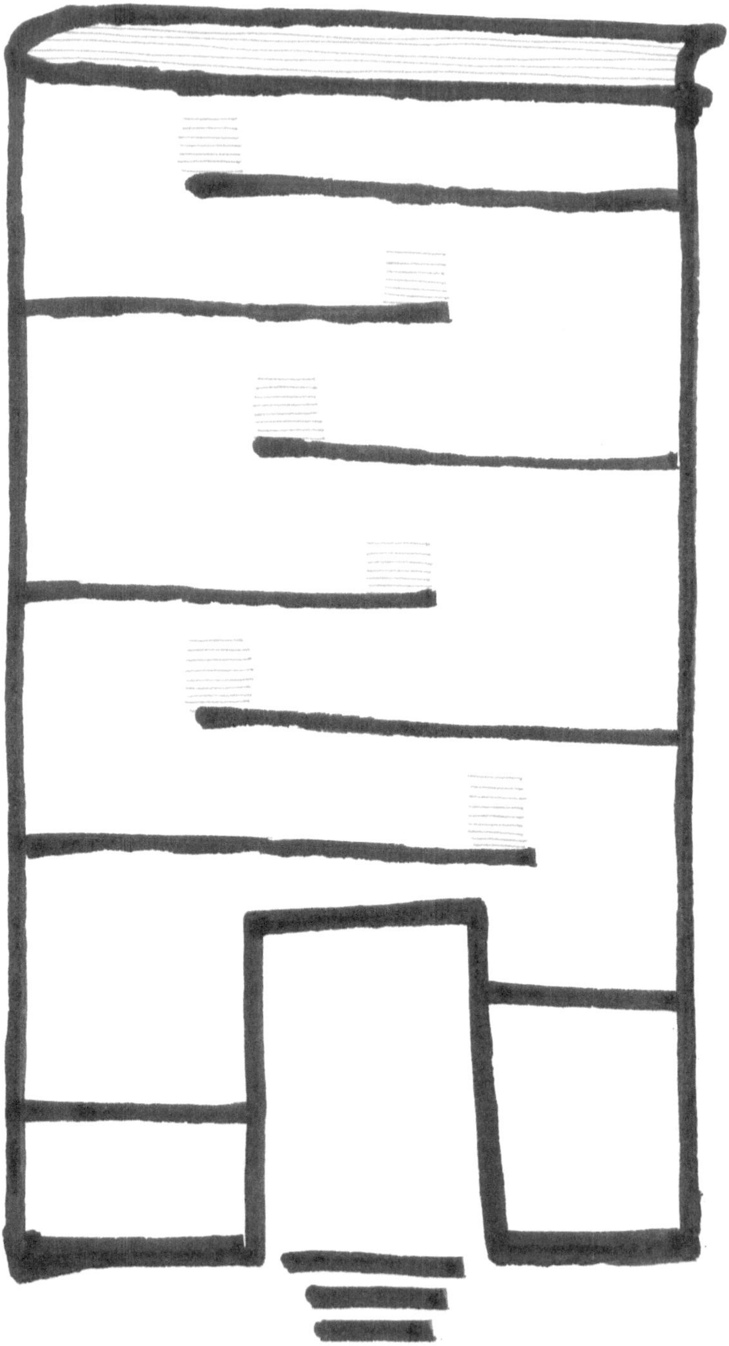

और शिकायतों की सुनवाई होती है। इसमें छात्रों का प्रतिनिधित्व भी होता है और छात्रों का कार्यकाल एक वर्ष का होता है। कहने का अर्थ यह है कि सरकार ने जो व्यवस्था 2013 में विश्वविद्यालयों में शुरू की, ऐसी व्यवस्था जेएनयू में बहुत पहले से ही थी।

इस मामले में कहा जा सकता है कि जेएनयू ने नया तो कुछ सोचा ही था। देश से पहले।

• • •

जेएनयू में यूं तो दिखाने की चीज़ें बहुत हैं लेकिन लाइब्रेरी ऐसी जगह है, जो सबको अचंभित करती है। मुझे ठीक-ठीक मालूम नहीं कि भारत में कोई और लाइब्रेरी आठ मंज़िला है या नहीं। लाइब्रेरी दो तरह के लोग जाते थे। एक, जिनके पास करने को कुछ नहीं होता था और दूसरे वे, जो यूपीएससी की तैयारी करते थे। यूपीएससी वालों का अड्डा लाइब्रेरी के पीछे का बड़ा कमरा था, जिसे धौलपुर हाउस कहा जाता है। यहां अपनी किताबें लाकर पढ़ सकते हैं।

मैं लाइब्रेरी किताबें खोजने जाता था, पढ़ने नहीं। मुझे किताबें खोजने में बहुत आनंद आता। आठ फ़्लोर की लाइब्रेरी मे किताबों की भरमार थी। उस ज़माने में इंटरनेट उतना मज़बूत नहीं था कि हमें बहुत सारी किताबों की जानकारी होती, तो लगता कि जेएनयू की लाइब्रेरी में सब कुछ है। कालांतर में लगा कि लाइब्रेरी में बहुत कुछ और होना चाहिए, लेकिन कम से कम उस समय रिसर्च के लिए जेएनयू की लाइब्रेरी एक बेहतरीन जगह थी।

किताबों का कलेक्शन अच्छा है, लेकिन कई लोग लाइब्रेरी से किताबें चोरी करते थे। एक बार चार-पांच ट्रक किताबें पकड़ी गई थीं हॉस्टलों से। लाइब्रेरी के तहखाने में हज़ारों किताबें थीं और मेरे विषय की किताबें वहीं मिलती थीं। अलग-अलग माले पर अलग-अलग किताबें और पढ़ने की जगह थी।

कहते हैं कि लाइब्रेरी की आठवीं मंज़िल भुतहा थी। मुझे पता नहीं, क्योंकि मैं कभी गया नहीं। एक बार एक लड़का अपनी कोई मांग लेकर आठवीं मंज़िल की खिड़की पर आ गया था कि क्लास करवाओ, वर्ना कूद जाऊंगा। शायद टीचर या स्टूडेंट्स ने हड़ताल कर रखी थी। ऐसे भी क्रांतिकारी हुए हैं कैंपस में।

• • •

2016 में कन्हैया की गिरफ़्तारी के बाद कैंपस में आंदोलन चला। उन दिनों क्लासेज़ का हर्जा हो रहा था, तो टीचर्स ने नया तरीक़ा निकाला था। शनिवार और रविवार को भी

क्लासेज़ हुईं। डेढ़ घंटे की क्लास को तीन घंटे का कर दिया गया। यानी लड़ाई एक तरफ़, क्लास का हर्जा नहीं होना चाहिए। कोर्स पूरा होना ही चाहिए। मैं तब भी रिपोर्टिंग के लिए कैंपस जाता था और शाम को यूं ही घूमने के लिए भी। ऐसे ही एक दिन शनिवार को मेरी छुट्टी थी। मैं कैंपस खिचड़ी खाने चला गया। जिसने खिचड़ी के लिए बुलाया था, उसका रूममेट क्लास करके ही लौटा था। उसी ने बताया कि रविवार को भी क्लास है। कोर्स पूरा होना है।

यह एक अभूतपूर्व बात है। ऐसा जेएनयू में ही हो सकता है कि आंदोलन एक तरफ़ चलेगा, लेकिन शिक्षा का कोटा पूरा होना चाहिए। बाद बाक़ी शाम में अलग से जो स्पेशल क्लास नेशनलिज़्म वाली थी, वह भी कई दिनों तक चली।

ये क्सासेज़ सबके लिए फ्री थीं। इन क्लासेज़ के लिए प्रोफ़ेसरों को कोई एक्सट्रा पैसा नहीं मिल रहा था। वे अपनी मर्ज़ी से दे रहे थे ये लेक्चर। किसी ने बताया कि निवेदिता मेनन नाम की प्रोफ़ेसर ने जो लेक्चर दिया, वह यूट्यूब पर अपलोड होने के बाद मैडम ने अपलोड करने वाले को फ़ोन किया, जो जेएनयू का ही छात्र था। कहा कि उन्होंने अपने लेक्चर में दो रेफ़रेंस ग़लत बताए हैं। अपलोड हो गया है, लेकिन उसके कमेंट में जाकर ठीक कर दो।

ऐसे प्रोफ़ेसर भी हैं जेएनयू में।

• • •

जेएनयू में कभी कोई साइंस के बारे में बात नहीं करता है, जबकि यहां पर बायो-टेक, कम्प्यूटर साइंस, इनवायरनमेंटल साइंस और लाइफ़ साइंस के बेहतरीन स्कूल हैं। इन स्कूलों में पढ़ने वाले बच्चे जितने मेहनती कैंपस में होते हैं, उतने अपने जीवन में शायद ही कभी होते होंगे। एक रूममेट साइंस का भी था। बेचारा सुबह जाता था। रात में ग्यारह बजे आकर सोता और फिर एक बजे उठ कर भागता और सुबह चार बजे आता।

एक दिन मैंने पकड़ा और पूछा- "अरे गुरू, कहां जाते हो इतनी रात को? गर्लफ्रेंड है?" वह रुका। रूआंसा मुंह बना कर बोला- "भइया, हमारी गर्लफ्रेंड तो ये पेट्रीडिश है, एक्सपेरिमेंट में जिसका केमिकल बदलना होता है हर दो घंटे पर।" मुझे सच में लगा कि साइंस नहीं पढ़कर मैंने ठीक ही किया। साइंस के बच्चे मोटी-मोटी किताबें पढ़ते हैं। खूब प्रयोग करते हैं। चुनावों में हिस्सा कम लेते हैं। चुपचाप वोट देते हैं और पढ़ाई पूरी करके विदेश चले जाते हैं, आगे पढ़ने या नौकरी करने।

साइंस के बच्चों की राजनीतिक समझ ठीक-ठाक होती है। अधिकतर दक्षिणपंथी होते हैं, लेकिन वोकल कम होते हैं क्योंकि उन्हें समय ही कम मिलता है। उनका प्रेम प्रयोगशालाओं में पेट्रीडिश और बीकर के आर-पार पनपता है और परवान चढ़ता है। उनकी प्रेम कहानियों में शायद पार्थसारथी रॉक्स और गंगा ढाबा कम आता होगा।

•••

जेएनयू में एक पीएसआर है। पार्थसारथी रॉक्स। पहाड़ी है छोटी-सी। जेएनयू के पहले वाइस चांसलर पार्थसारथी के नाम पर पीएसआर नाम पड़ा पहाड़ियों का। सुंदर-सी प्राकृतिक जगह है, जहां बैठकर रात में आसमान दिखता है, चांद दिखता है और तारे भी। बीच-बीच में एरोप्लेन भी दिखता है। यहां बैठकर कुछ लोग सिगरेट पीते हैं, कुछ गप्प लड़ाते हैं और अधिकतर लोग प्रेम करते हैं। यह प्रेम करने के लिए अनौपचारिक रूप से चिन्हित जगह है। आस-पास जंगलनुमा झाड़ियां हैं, पथरीली रेत है। यहां से लगभग पूरा कैंपस दिख जाता है लेकिन आप किसी को नहीं दिखते। यहां कोई किसी को तंग नहीं करता। सब शांति से बैठकर, जो करना होता है, करते हैं। कभी-कभी अति उत्साही बच्चे गाना चलाकर डांस का कार्यक्रम भी कर लेते हैं।

आसपास से कुछ अजीब आवाज़ें आएं, तो लोग सरक कर थोड़ा दूर हो जाते हैं, ताकि किसी की निजता में खलल न हो। यहां अक्सर वे जोड़े आते हैं, जो अभी प्रेम की राह में पैर रखने वाले ही होते हैं। यहां प्रेम उगता है और पनपता है। हालांकि यह कहना ग़लत होगा कि यह सिर्फ़ प्रेमियों की जगह है। यह प्रकृति प्रेमियों की भी शरणस्थली है।

•••

साइंस और वाइस चांसलर के ज़िक्र में आशीष दत्ता के बारे में बताना मुझे ज़रूरी लग रहा है। आशीष दत्ता जेएनयू के कई वाइस चांसलरों में से एक हुए। वह जेएनयू के पहले वीसी थे, जिनकी पृष्ठभूमि विज्ञान विषय की थी। इससे पहले जो भी वीसी हुए, वे ज़्यादातर सोशल साइंस बैकग्राउंड वाले थे। आशीष दत्ता की ख़ास बात यह थी कि वीसी रहते हुए उन्होंने साइंस सेंटर्स का बहुत ख़याल रखा। वह खुद भी लैबोरेटरी में बहुत समय बिताया करते थे और शोधकार्य में जुटे रहते थे। उनके नाम कई पेटेंट्स भी थे। आलोचक मानते हैं कि आशीष दत्ता के कार्यकाल में ही जेएनयू की वामपंथी राजनीति में बदलाव होना शुरू हुआ। सोशल साइंस के प्रोफ़ेसरों का महत्त्व कम होने लगा और कैंपस में विज्ञान के विषयों पर ज़ोर दिया जाने लगा।

यह वही समय था जब बायोटेक, एनवायरनमेंटल साइंस और लाइफ़ साइंस के स्कूलों में काम की क्वालिटी तेज़ी से बेहतर होने लगी। बड़ी संख्या में इन स्कूलों से छात्र पढ़ने के बाद विदेश जाने लगे और साइंस के मामले में भी जेएनयू की स्थिति पहले से बहुत तेज़ी से आगे बढ़ी। विश्वविद्यालय की तस्वीर बदलने में जेएनयू के वाइस चांसलरों का बहुत महत्त्व रहा है। आशीष दत्ता के पहले और बाद में आए ज़्यादातर वाइस चासंलरों के बारे में कहा जाता है कि वे छात्रों के साथ बेहतरीन संबंध बना कर रखते थे। आशीष दत्ता ऐसा नहीं कर पाए थे। जेएनयू के अच्छे वाइस चांसलरों में वाईके अलघ का नाम पुराने छात्रों की जुबान पर रहता है, जो राह चलते हुए छात्रों से सीधे बात कर लिया करते थे। अलघ ऐसा करने वाले अकेले वीसी नहीं थे, आशीष दत्ता के बाद वीसी बने जीके चड्ढा भी छात्रों में बहुत लोकप्रिय रहे। वह अक्सर छात्रावास में आकर डिनर पर बैठ जाते और एकाध रोटी खा भी लिया करते थे।

एक बार सागर नाम के हमारे एक मित्र को मेस बिल जमा करने में दिक्क़त हो गई। वह कुछ महीनों तक बिल नहीं दे पाए और उन्हें हॉस्टल से निकाले जाने का नोटिस आ गया। उन्होंने वीसी को पत्र लिखा और जवाब नहीं मिलने पर सीधे उनके घर चले गए। वीसी ने न केवल मिलने का समय दिया, बल्कि सागर से उनके गीत भी सुने, अपनी कुछ कविताएं भी सुनाईं। चड्ढा जी को शेर सुनाने का शौक़ था। वीसी ने अपने दफ़्तर से ही फ़ोन करके सागर का मेस बिल माफ़ करने का आग्रह भी किया था। इस तरह का रिश्ता जेएनयू के वाइस चांसलरों का अपने छात्रों के साथ रहता था और यही कारण था कि जब तक वीसी चड्ढा रहे, जेएनयू में कोई बहुत बड़ा छात्र आंदोलन नहीं हुआ क्योंकि वह सारी मांगों पर बहुत गंभीरता से विचार करके जो संभव होता था, किया करते थे।

क्या है जेएनयू?

जेएनयू कोई प्रोटेस्ट मार्च नहीं है
जेएनयू कोई वामपंथियों का टीला नहीं है
जेएनयू दक्षिणपंथियों की क़ब्रगाह भी नहीं है
एक दोस्त है, वह कहता है,
जेएनयू सवाल है
कोई कहेगा जेएनयू जवाब है
जेएनयू एक मिथक है
जेएनयू एक किन्वदंती है
जेएनयू सांस है
जेएनयू कुछ नहीं है
जेएनयू बस हवा है
हवा, जो सबको मदमस्त कर दे
हवा, जो तुम्हें जीना सिखा दे
हवा, जो तुम्हें बचा ले
हवा, जो बढ़ाए
आगे और आगे
जो जेएनयू नहीं, वह भी जेएनयू है
जो जेएनयू है, वह जेएनयू नहीं भी है
जेएनयू शरीर भी है, जेएनयू आत्मा भी है
जेएनयू कुछ नहीं
जेएनयू बस जेएनयू है...

द झारखंड गैंग

जेएनयू में एक झारखंडी ग्रुप हुआ करता था। झारखंड के बारे में लिख रहा हूं क्योंकि मैं खुद झारखंड से हूं और मैं वहां के दोस्तों को पाकर घर को कम मिस करता था। जेएनयू में भारत के सभी राज्यों के लोग थे लेकिन कुछ राज्यों के लोगों की संख्या अधिक थी। जब मैं कैंपस में था, उस समय उड़ीसा और बिहार के बच्चे अधिक थे, झारखंड के बहुत कम इसलिए वे एक छोटे-से समूह में रहते। ग्रुप तो नॉर्थ ईस्ट के छात्रों का भी था, लेकिन उस ग्रुप तक मेरी पहुंच नहीं थी। दूर से नॉर्थ ईस्ट के छात्रों के बारे में समझ यह थी कि वे कूलेस्ट लोग हैं। गिटार बजाते हैं। मस्त अंग्रेज़ी गाने गाते हैं। स्टाइल उनको ही आता है। और अगर आप बात करने जाएं यानी दोस्ती का एक क़दम आगे बढ़ाएं, तो वे पीछे नहीं हटते। हां, उत्तर भारत के लोगों को वे उतनी ही शंका से देखते हैं, जितनी उत्तर भारत वाले उन्हें अजूबा नज़रों से।

मेरी क्लास में नॉर्थ ईस्ट के कई बच्चे थे। मणिपुर के दोस्त बेहद क्यूट होते हैं। नगालैंड वाले थोड़े कड़क। डेविड बहरिल नगालैंड का था और ड्रम बजाता था, एकदम मंत्रमुग्ध कर देने वाला। नर्मदा हॉस्टल नाइट में वह अपना ग्रुप फ्री में लेकर आया था। पहली बार जेएनयू में रॉक बैंड का आयोजन हुआ था। हम जैसे कई लोगों को समझ में ही नहीं आया कि गाना क्या था और संगीत क्या चल रहा था। हम सब लोग अपने सिर हिलाते रहे ज़ोर-ज़ोर से।

डेविड बहरिल या उत्तर पूर्व के लोगों से मेरी अच्छी मित्रता कभी नहीं हो पाई। उस इलाक़े से बस असम का एक मित्र बना प्रदीप सैकिया, जो अब असम पुलिस में अधिकारी है। कुछ साल पहले इंडियन एक्सप्रेस में डेविड बहरिल की एक रिपोर्ट पढ़ी, तो पता चला कि वह पत्रकार हो गया है।

एलियन्स की लड़ाई

हां, अब बात झारखंड के ग्रुप के बारे में। पॉल, लिंडा, चिंटू, पिनुआ, रॉबिन, समीर, जॉय, आनंद... ऐसे मस्त-मस्त नाम कि आप भूलें नहीं और इतने ही मस्त ये लोग। रांची और रांची के आसपास। पॉल इस ग्रुप का ग्रैंडफ़ादर था। पीएचडी कर रहा पॉल संभवत: एकमात्र छात्र होगा, जिसे दो बार लगातार बिना किसी चुनाव के झेलम हॉस्टल का प्रेसिडेंट बनाया गया। जी हां! सर्वसम्मति से, वह भी दो बार। हॉस्टल के सारे झगड़े पॉल

ऐसी शांति से निपटाता कि लगता वह पिछले जन्म में पादरी होगा। रात में वह अपने कमरे में आने वाले हर आदमी को एक पैग शराब पिलाता और कहता- "काहे गुस्सा करता है यार! लाइफ़ में ये सब होता है।"

एक पैग से ज़्यादा वह किसी को पीने नहीं देता था और इस तरह से नशे पर कंट्रोल रखा जाता था। पॉल की बात झेलम में तो कम से कम कोई नहीं काटता था। पॉल को हम लोग प्यार से ग्रैंडफ़ादर ही कहते थे। इस ग्रुप में मेरा आना-जाना शाम को ही होता था। चूंकि मैं झारखंड से था, तो अपनापन ज़्यादा महसूस होता था। बाद बाक़ी पिन्नुआ इस ग्रुप का उद्दंड बालक माना जाता था। अब पिन्नुआ प्रोफ़ेसर है।

झेलम में नॉर्थ ईस्ट का एक लड़का था। नाम था ऑल्डो। रात के समय किसी कारण ऑल्डो और पिन्नुआ का झगड़ा हो गया। पिन्नुआ गुस्से में आया और उसने पॉल को बताया। पॉल ने एक पैग बढ़ाया और कहा, "अरे काहे लड़ता है? लाइफ़ में ये सब होता है।"

लेकिन बग़ल में पिन्नुआ का दोस्त लिंडा बैठा था। लिंडा और पिन्नुआ ने एक-दूसरे को देखा और आधे घंटे बाद दोनों जाकर ऑल्डो को पीट आए। दूसरे दिन सुबह सभी को इस मार-पीट का पता चला। ऑल्डो ने आधिकारिक शिकायत के साथ-साथ नॉर्थ ईस्ट के छात्रों को भी इस बारे में बता दिया। नॉर्थ ईस्ट के छात्रों ने पर्चे लिखे। पर्चे छपे। झेलम में लगे।

"पिन्नुआ और लिंडा ने मिलकर ऑल्डो को पीटा।" यह पर्चा झेलम में लगा हुआ था कई जगह।

झेलम में बिहार के कई छात्र थे और छात्र ये सब पर्चे पढ़ते थे। मैं गुज़र रहा था तो पास में तीन-चार बीए के छात्र यह पर्चा पढ़ रहे थे… पिन्…गु…आ और लिं….डा ने ऑ…ल्…. डो को पीटा…. ग्रुप के पीछे से आवाज़ आई। साला झेलम में एलियन सब भी रहता है क्या बे! ग़ज़ब-ग़ज़ब नाम है।

उस ज़माने में झेलम ऐसा ही हॉस्टल था। यह बात मज़ाक में ही कही गई थी और झेलम में ऐसे मज़ाक संभव थे। इस मामले को भी पॉल ने दोनों पक्षों को आमने-सामने बैठाकर ख़त्म किया और इसे निपटाने का भी तरीक़ा पॉल का वही रहा। एक-एक पैग शराब और उसका डायलॉग- "तुम लोग लड़ता क्यों है? लाइफ़ में ये सब होता ही है।"

चिंटू, लिंडा और पिन्नुआ के हाथों में जादू था। ये अकेले भी किसी बाइक ख़ासकर बुलेट का पुर्ज़ा-पुर्ज़ा खोलकर दोबारा लगा सकते थे। जीपों के इंजन खोलने में भी इन तीनों को महारत थी। लिंडा के पास एक यामाहा आरएक्स 300 मोटरसाइकिल हुआ करती थी। वह

हर साल होली के दिन भांग पीकर इस गाड़ी को चलाता और हर तीन क़दम पर इतना एक्सीलेटर देता कि आगे का चक्का ऊपर हो जाए।

एक बार होली में लिंडा बाइक से ऐसा गिरा कि फिर यामाहा आरएक्स 300 उसने नहीं चलाई। यह गाड़ी कई साल तक झेलम में खड़ी धूल खाती रही। चिंटू और पिन्गुआ ने मुझे बुलेट चलाना सिखाया। पिन्गुआ का मिथकीय वाक्य मैं भूलूंगा नहीं- "सुशील... बुलेट है। देह से नहीं चलता है। दिमाग़ से चलता है।" और दूसरा- "किक मार बे! गर्लफ्रेंड थोड़ी है कि झटका देगी।"

और ऐसा सुनते-सुनते मैंने बुलेट चलाना सीख लिया था।

झारखंड वाले ग्रुप में कौन जेएनयू का है और कौन नहीं, यह पता करना असंभव था। एक दया भी था। दया की ख़ासियत थी कि वह खड़े-खड़े सो जाता था। यूपीएससी की तैयारी करते-करते जब दया को पहली सरकारी नौकरी मिली, तो उसने सारी तैयारी छोड़ दी और नौकरी करने लगा।

एक आनंद भी था। आईआईएमसी में पढ़ता था और झारखंड समूह का सदस्य था। लंबा, गठीला शरीर। बीच-बीच में कुछ चुटुक-सी बात छोड़ देता, जिस पर सब हंसते। वह चुप रहता।

सबसे पहले दया ने बुलेट ख़रीदी, जो उसने कम, बाक़ी सबने खूब चलाई। फिर मैंने, पॉल, लिंडा और आनंद ने बुलेट ख़रीदी। चिंटू के पास पहले से रांची में थी दो-तीन बुलेट। हां, समीर के पास तो पुरानी बुलेट थी, लेकिन वह जेएनयू का था या नहीं, मुझे आज तक नहीं पता चला है।

सिविल सर्विस और डिनर टेबल

आईएएस जेएनयू में थोक के भाव बनते हैं। लोग पहले छात्र होते हैं, फिर आईएएस, आईपीएस हो जाते हैं। मुझ जैसे जो छात्र यूपीएससी की परीक्षाएं नहीं देते थे, उनका प्रिय शगल होता था मेस टेबल पर डिनर करते हुए यह अनुमान लगाएं कि किस छात्र का यूपीएससी होगा और किसका नहीं। बंदे के हाव-भाव, बोलने के तरीक़े और विषयों पर उसकी बात सुनकर मुझ जैसे लोग कई बार बाज़ी लगाते कि किसी का होगा या नहीं। यूपीएससी की तैयारी करने वाले कई छात्र अक्सर सीनियर छात्रों के कमरे में जाकर इंटरव्यू का अभ्यास किया करते।

यह अभ्यास मेस टेबल पर भी होता था। बहस का कोई मुद्दा छेड़ कर ऐसे छात्रों से कहा जाता कि अब आप अपनी संतुलित राय रखिए। यह एक क्रिस्म की पब्लिक स्पीकिन्ग की तैयारी होती थी, इंटरव्यू का सामना करने की।

सभी लोगों का तो नहीं हो पाता था, लेकिन जेएनयू से हर साल दस से बीस छात्र यूपीएससी में अब भी सिलेक्ट होते ही हैं। जो कोई भी अच्छी तैयारी करता था, वह आगे चलकर लेक्चरर-प्रोफ़ेसर हो ही जाता था। मैं बहुत कम ऐसे लोगों को जानता हूं, जो पीएचडी में अच्छे छात्र थे और आज की तारीख़ में बेकार हों। क़िस्मत बहुत ही ख़राब न हो, तो अलग बात है।

दो सीनियर थे प्रणव और पंकज। दोनों एक साथ यूपीएससी की तैयारी कर रहे थे। दोनों ने ही चार बार मुख्य परीक्षा दी। प्रणव ने तो चौथे प्रयास में इंटरव्यू भी दिया, लेकिन उनका हो नहीं पाया। उन दिनों वह बेहद उदास थे, चूंकि तैयारी उनकी अच्छी थी, तो पीएचडी आसानी से कर पाए। बाद में वह पढ़ाने के लिए किसी अफ्रीकी देश में कुछ समय रहे और अब गया सेंट्रल यूनिवर्सिटी में प्रोफ़ेसर हैं। पंकज भी दिल्ली विश्वविद्यालय में अध्यापन कर रहे हैं।

जो खोजोगे, वो मिलेगा

जैसे दुनिया में ज्ञानी खोजना मुश्किल है, वैसे ही जेएनयू में ज्ञानी खोजना और उसकी संगत पाना एक कठिन कार्य है। नेता, बकवास करने वाले, बड़बोले, मूर्ख, नारेबाज़, यूपीएससी की तैयारी करने वाले आपको आसानी से मिल जाएंगे लेकिन हार्डकोर एकेडेमिक्स और उसमें भी वाक़ई ज्ञानमार्ग पर चलने वालों को खोजना पड़ता है।

अगर आपका मार्ग भी ज्ञानमार्ग है, तो ऐसे लोग पक्का मिल जाते हैं। इन्हें खोजने का तरीक़ा है। मेस टेबल पर देखें। जो चुपचाप खाना खाकर निकल जाएं, उनके बारे में पता करें। नाम गूगल करें। उनके पर्चे आपको रिसर्च जर्नल में मिलेंगे। वे कभी ढाबे पर बैठे हों, तो उनकी बात दूर से सुनें। वे राजनीति पर कार्ल मार्क्स का नाम नहीं लेंगे, बल्कि प्लेटो, अरस्तू, फ़ूको, नीत्शे जैसे नाम ले रहे होंगे और चर्चा कर रहे होंगे कि इनका प्रैक्टिल वर्ल्ड में क्या रोल है। वे आपको अपनी नर्म आवाज़ में सही के लिए बहस करते मिलेंगे। कभी-कभार वे किसी पार्टी के लिए पर्चा लिखते भी मिल सकते हैं। अक्सर ऐसे लोग अकेले भी कोई पर्चा लिख जाते हैं, जब कोई मुद्दा उन्हें उद्वेलित करता हो। वे लाइब्रेरी के किसी अंधेरे कोने में अपनी किताबों के साथ बैठे मिलेंगे या कमरे में देर रात बत्ती जलाकर सिगरेट के धुएं में डूबे मिलेंगे सोचते हुए।

मैं ऐसे कुछ लोगों को जानता हूं। असल में ये बुद्धिजीवी होते हैं और अपने स्तर पर समाज में योगदान करते हैं। वे जिन किताबों के नाम लेंगे, उसमें से कई आपने सुने नहीं होंगे। वे जेएनयू के प्रोफ़ेसरों की आलोचना करेंगे और एकदम वैध, प्वाइंट टू प्वाइंट। लेकिन क्रांति नहीं करेंगे क्योंकि वे जानते हैं आलोचना से नया विचार पैदा होगा, क्रांति नहीं होगी। सशस्त्र क्रांति और मार्क्सवाद की गूढ़तम आलोचना करते हुए आपको यही लोग मिलेंगे। हां, बस ये वोकल नहीं होते क्योंकि ये चिल्लाना नहीं जानते हैं।

जेएनयू में बहुत कुछ होता है और बहुत कुछ नहीं होता है

लड़कियां होती हैं, लड़कियों को घूरा नहीं जाता है

किताबें होती हैं, लेकिन पढ़ा ज़ेरॉक्स जाता है

लड़ाई होती है, लेकिन बहस पर आकर बात रुक जाती है

पढ़ाने वाले प्रोफ़ेसर होते हैं, लेकिन आदमी सीखता दूसरे प्रोफ़ेसरों से है

राजनीति ख़ूब होती है- वाम की थोड़ी महीन, दक्षिण की बिलकुल क्रूड

प्रेम होता है, लेकिन सिर्फ़ प्रेम ही नहीं होता है, निभाना भी होता है

जो प्रेम दो सेमेस्टर चल गया, वह शादी में तब्दील हो ही जाता है

जेएनयू में चिरकुट भी बसते हैं, जैसे काबुल में गधे

जेएनयू विश्वविद्यालय है, लेकिन जीवन की पढ़ाई का,

वैसे ही, जैसा कोई अच्छा विश्वविद्यालय होता है

जेएनयू में ज्ञान है लेकिन पर्याप्त मात्रा में बकवास भी

चुनना आपको होता है, आप बकवास चुनते हैं या ज्ञान

बाद बाक़ी सब सामान्य होता है

कुछ-कुछ अपवाद यहां भी सामान्य बात है।

जेएनयू की भाषा में कहें, तो लोग यहां आते नहीं, गिरते हैं। गिराता कौन है, यह ऊपरवाला जाने। कोई घर से लौटा तो लोग पूछते है- "कब गिरे?" पहले-पहल तो मैंने जवाब दिया- "कहीं नहीं गिरे सर। घर गए थे।" तो हंसते हुए सवाल आता- "अरे, वही पूछे हैं कब गिरे घर से?" ख़ैर, इसी के तहत जेएनयू में सब गिरते थे।

एक सीनियर थे पीएचडी के आख़िरी साल में। वह लुंगी पहनते थे और राजनीति में विशेष रुचि रखते थे, एकदम यूपी-बिहार की तरह। ज़ाहिर है कि बहुत बोरिन्ग थे। मैं बहुत जूनियर था। एक दिन उन्होंने पकड़ लिया और बोले, "ये लो, कॉमरेड हनु का प्रसाद खाओ। प्रसाद में लड्डू थे।" दिन मंगलवार था तो मैंने कहा- "भइया यह तो हनुमान जी का प्रसाद है।"

सीनियर बोले- "ख़बरदार जो दोबारा बोले। वह कॉमरेड हनु हैं हम सब लोगों के।"

हमने श्रद्धा से प्रसाद खाया और पूछा कि कोई ख़ास बात है? सीनियर दांत निकालकर बोले- "जेआरएफ़ हुआ है कॉमरेड हनु की कृपा से।" धर्म और विचार की यह एक अद्भुत क़िस्म की उदारता थी कैंपस में। कोई इन बातों का बुरा नहीं मानता था। बाद बाक़ी सीनियर कॉमरेड यानी वामपंथी नहीं थे। जॉर्ज फ़र्नांडिस के क़रीबी थे। पढ़े-लिखे, लेकिन बहुत बोरिन्ग आदमी थे। फ़िलहाल डीयू के एक कॉलेज में पढ़ाते हैं।

चाय... और ढेर सारी चाय

हमारे ज़माने में जेएनयू में पढ़ने वालों को कोई पैसा नहीं मिलता था। एक मेरिट कम मीन्स वाली स्कॉलरशिप होती थी, तो सबको नहीं मिलती थी। लिहाज़ा पैसे की तंगी सबको होती थी। ऐसे में जब कोई जेआरएफ़ पा जाता था, तो उसके दोस्तों की संख्या बढ़ जाती थी। ख़ासकर शाम की चाय के समय। जेआरएफ़ वाले सीनियर लोगों का नियम था कि शाम के समय ढाबे पर जितने लोगों की शक्लें वे पहचान रहे हों, सबकी चाय का पैसा वही देंगे।

यह नियम हर जेआरएफ़ वाले पर लागू था। आगे चलकर एमफ़िल में भी पैसे मिलने लगे बिना जेआरएफ़ के और अब तो एमए में भी पैसे मिलते हैं। मेरे कैंपस में रहते हुए एक और बदलाव हुआ था। जो छात्र भाषा की पढ़ाई कर रहे होते, उन्हें गाइडिंग का बहुत काम मिलने लगा था। दो साल भाषा की पढ़ाई के बाद छात्र गाइडिंग करने लायक हो जाते थे। दिल्ली में विदेशी पर्यटकों की संख्या ठीक-ठाक आती है, तो जेएनयू के छात्रों ने पार्ट टाइम गाइडिंग करना शुरू कर दिया था। कई छात्र बाद में स्थायी रूप से गाइड ही बन गए और इसे ही जीविकोपार्जन का ज़रिया बनाया। आज भी दिल्ली के बेहतरीन गाइड जेएनयू के छात्र मिलेंगे, जो कई सालों से गाइडिंग का काम कर रहे हैं। कई छात्र महीने में दो-तीन गाइडिंग का काम करके महीने भर का ख़र्च निकाल लिया करते थे।

गाइडिंग के अलावा भाषा के छात्र आगे चलकर अच्छे अनुवादक और इंटरप्रिटर भी बने। किसी विदेशी प्रतिनिधिमंडल से बात करने के लिए जब अच्छे इंटरप्रिटर की ज़रूरत होती, तो प्रधानमंत्री कार्यालय से कई बार जेएनयू के शिक्षकों का बुलावा आता।

नदियां और हॉस्टल

जेएनयू के हॉस्टलों के नाम नदियों के नाम पर हैं, यह तो बहुत लोगों को पता है लेकिन हर हॉस्टल की एक छवि होती है। मैं नर्मदा और झेलम में रहने के और उनसे बातचीत के आधार पर सभी हॉस्टलों की एक छवि बताता हूं।

नर्मदा

यह मूल रूप से उद्दंड बालकों का हॉस्टल था। जिन्हें बदमाशियां करनी हों, हॉस्टल नाइट में डांस करना हो, वे नर्मदा में रहते थे। जो थोड़ी-बहुत मारपीट होती थी, उसमें नर्मदा का योगदान सबसे ज़्यादा होता था। यहां बीए-एमए वाले रहते थे। एमफ़िल-पीएचडी करने वालों को यह हॉस्टल नहीं मिलता था। नर्मदा को लोग नर-मादा भी कहते थे।

झेलम

यह एकमात्र हॉस्टल था, जिसमें तहखाने जैसी जगह थी और उसमें दो कमरे बने हुए थे। इन कमरों में सूरज की रोशनी नहीं आती थी और कोई भी छात्र इन कमरों में रहना नहीं चाहता था। ये भुतहा कमरे थे। मेरा एक जूनियर वहां रहा करता था। अकेला। क्योंकि उस कमरे में जाने को कोई राज़ी नहीं था। वह खुशी-खुशी बीए में ही अकेला रहता था और सबसे कहता था कि कमरे में रात को भूत आते हैं। यह झेलम के छात्रों की ख्याति थी कि वे कई-कई घंटों तक किसी भी विषय पर उल-जलूल बकवास करने में सक्षम होते हैं। इस मामले में सिर्फ़ ब्रह्मपुत्र के वरिष्ठ छात्र उन्हें टक्कर दे सकते थे।

ब्रह्मपुत्र

यह हॉस्टल कैंपस के एकदम पूर्वी छोर पर स्थित है। आमतौर पर शांति से यूपीएससी की तैयारी करने वाले लोग यह हॉस्टल लेते हैं। ऐसा कहा जाता है कि कैंपस के एक कोने में सिमटे हुए इस हॉस्टल के लोग तीन से चार बार यूपीएससी नहीं होने पर "खुल" जाते हैं। इस हॉस्टल के खखोरपने का अंदाज़ा इससे लगाइए कि यहां पर एक बार हॉस्टल नाइट का नाम था भोकाल।

सतलुज

यह भी कमोबेश बोरिन्ग हॉस्टल माना जाता था। झेलम और गंगा के साथ यह हॉस्टल प्रेम का त्रिकोण बनाता था। इसमें राजनीति में सक्रिय लोग रहते थे। कई वामपंथी छात्र इस हॉस्टल की शान रहे हैं।

गंगा

यह लड़कियों का हॉस्टल है, जो पुराने ज़माने में लड़कों का हुआ करता था।

पेरियार

पेरियार वही, गोदावरी के सामने वाला। यह दक्षिणपंथी राजनीति का गढ़ था हमारे ज़माने में। यहां इक्का-दुक्का मारपीट की घटनाएं होती थीं लेकिन बाद बाक़ी उस ज़माने में यह हॉस्टल अपने अमिताभ बच्चन के लिए जाना जाता था। थे एक सीनियर, जो अमिताभ की नकल करते थे।

कावेरी

कावेरी को मनहूस या समझिए बोरिन्ग बूढ़ों का हॉस्टल माना जाता था। लगता था कि इस हॉस्टल के बीए के छात्र भी पीएचडी कर रहे हों। हमेशा मनहूसियत छाई रहती थी इस हॉस्टल में। खाना भी वैसा ही बोरिन्ग होता था। यहां के खटमल बहुत प्रसिद्ध थे।

साबरमती

इसके बारे में पहले भी लिख चुका हूं। यहां लड़के-लड़की अलग-अलग विन्ग में रहते थे। यहां के लड़के मूल रूप से दब्बू टाइप माने जाते थे क्योंकि उनकी हुकूमत अपने कमरे से बाहर कॉमन रूम और मेस में भी नहीं चलती थी। कॉमन रूम का रिमोट अक्सर लड़कियों के हाथ में रहता था।

हमारे सामने ताप्ती का निर्माण हुआ इसलिए उसके बारे में कुछ नहीं लिखूंगा। आगे चलकर लोहित, कोयना, चंद्रभागा और कई हॉस्टल बने, जिसमें रहने का सौभाग्य मुझे नहीं मिला। हां, एक महानदी हॉस्टल भी है, जो शादीशुदा छात्रों के लिए है।

नर्मदा में एक गज्जू भाई होते थे। वह थे तो बिहार के, लेकिन इतने गोरे थे कि सारा हॉस्टल कनफ्यूज़ रहता कि वह बिहारी हैं कि कश्मीरी। गज्जू भाई की मूछें घनी और काली थीं। हर संडे को राजस्थानी गमछा पहनकर दाढ़ी बनाते थे और अक्सर आधी दाढ़ी साफ़ करके दूसरे कमरे में जाकर पूछते थे- "क्या भई, क्या हाल-चाल है?"

हम लोग आधा गोरा चेहरा देखकर और भकुआ जाते। गज्जू भाई की गर्लफ्रेंड्स भी थीं लेकिन गज्जू भाई उनसे कभी किसी को नहीं मिलाते थे। गज्जू भाई लड़कियों में गज्जू नाम से ख्यातिलब्ध थे। वह कालांतर में जीएसकैश में निर्विवाद चुने गए और उनके कार्यकाल में शांति रही। वह शायद जीएसकैश के पहले प्रतिनिधि थे। कई साल बाद एक बार प्रिया सिनेमा के पास मिले, तो खट से पहचान गए। हमने पूछा गज्जू भाई, कौन-सी गर्लफ्रेंड से शादी हुई तो बोले- "माई-बाप जो खोजे उससे।"

любить

حب

אהבה 爱 l'amour

Liebe محبت

사랑 amore

爱

عشق

amor مينه

हॉस्टल नाइट और प्रेम

जेएनयू के हॉस्टलों में हर साल फ़रवरी-मार्च के महीने में हॉस्टल नाइट होती है यानी कि डिनर पार्टी और फिर नाच-गाना। उससे पहले एक महीने तक हर हॉस्टल में अलग-अलग प्रतियोगिताएं होती हैं, जिसमें बाक़ी हॉस्टलों के छात्र हिस्सा ले सकते हैं। कुछ सांस्कृतिक कार्यक्रम भी होता है। उसमें जिसे गाना बजाना है, वो कर लेता है। बाद बाक़ी असली बात यह रहती है कि किस हॉस्टल में बढ़िया डीजे आया है? उसमें सब जाते थे। लड़का-लड़की सब डांस करते हैं। इन पार्टियों में मारपीट कभी-कभार ही हुआ करती थी और अगर हुई भी तो शांति से निपटा दी जाती थी।

अब होता यह था कि कई छात्र जनवरी के महीने से पैसे बचाने शुरू करते थे, ताकि हॉस्टल नाइट के लिए नई शर्ट-पैंट ख़रीदी जा सके। दूसरा यह, कि कौन-कौन लड़कियों के हॉस्टल से बुलाए गए हैं। यह बड़ी बात इसलिए होती थी क्योंकि गेस्ट बुलाने का मतलब है, गेस्ट के लिए कूपन लीजिए, जो सौ रुपये का होता था और महंगा माना जाता था। अगर लड़की ने आपको और सिर्फ़ आपको अपने हॉस्टल में कूपन कटा कर बुलाया है, तो समझिए उस सेमेस्टर में आपके प्रेम की गाड़ी आगे बढ़ी है। लेकिन अगर लड़की ने कहा कि यार, तुम डांस करने आ जाना। इसका मतलब कूपन नहीं कटा है, तो समझिए आप अच्छे दोस्त हैं।

ये सब सिंगल सीनियर लोग पहले ही बता देते थे, तो बीए-एमए वाले छात्र शिद्दत से इंतज़ार करते थे कि हॉस्टल नाइट में कौन बुलावा पाता है, वह भी अकेले कूपन के साथ।

लुंपेनिज़्म: गाढ़े-गाढ़े शब्द और गालियां

जेएनयू में सबसे अपमानजक गाली होती थी… न न न… मां-बहन की गाली नहीं। जब किसी को बेइज़्ज़त करना हो, तो कहा जाता था कि वह लुंपेन है। लुंपेन का शाब्दिक और असली अर्थ है लंपट, लफ़ंगा आदि-आदि। जेएनयू में पढ़ने वाले किसी भी लड़के के लिए लंपट कहा जाना सबसे बड़ी गाली होती थी। उम्मीद है कि आज भी यह सही ही होगा। वामपंथी लोग परिषद वालों को अक्सर लुंपेन और जिंगोइस्टिक आदि-आदि कहते थे।

परिषद वालों की अंग्रेज़ी कमज़ोर थी, तो वे दूसरों को फ़ेक इंटलेक्चुअल यानी कि फ़र्ज़ी बौद्धिक कहकर ही काम चलाते थे। आजकल सोशल मीडिया की देखादेखी शायद सेक्यूलर कहने का चलन है। कहने का तात्पर्य है कि गालियों के मामले में भी जेएनयू में भाषा की मर्यादा का ख़याल रखते हुए ऐसे शब्द चुने जाते थे, जिससे गालियां भी अकादमिक लगें। छद्म राष्ट्रवाद, सांस्कृतिक राष्ट्रवाद जैसे गूढ़ शब्द मैंने पहली बार यहीं सुने थे। दूसरी तरफ़ वाम दलों के लोग अंग्रेज़ी में कठिन-कठिन जार्गनों (अकादमिक शब्दों या व्याख्याओं) में आलोचना करते थे, जिन्हें समझना आसान नहीं होता था।

यह असभंव था कि जेएनयू में कोई किसी को आम बोलचाल वाली गाली दे दे। इस तरह की गालियों का प्रचलन कभी नहीं रहा। किसी को चिढ़ाना हो, तो उसके लिए वैचारिक स्तर पर कटाक्ष या मज़ाक किया जाता था। जेएनयू की एक स्कॉलर ने गालियों पर अच्छी-ख़ासी रिसर्च की है। वह स्कॉलर महिला हैं, शायद इस समय अमेरिका में हैं।

विदेश में जेएनयू छात्रों का शोध

अमेरिका से याद आया कि जेएनयू से पढ़ाई करने के बाद बड़ी संख्या में छात्र शोध के लिए विदेश का रुख करते हैं। पढ़ाई के लिए विदेश जाने का क्रम जेएनयू में लंबे समय से रहा है। सत्तर के दशक में जाने-माने अकादमिक ज्ञान प्रकाश ने जेएनयू से एमए करने के बाद पेनिसिलवेनिया यूनिवर्सिटी का रुख किया और इन दिनों प्रिन्स्टन में पढ़ा रहे हैं। ऐसे कई छात्र थे, जो सत्तर-अस्सी के दशक में पढ़ने के लिए विदेश चले गए। प्रोफ़ेसर आनंद कुमार भी सत्तर के दशक में पढ़ने के लिए जेएनयू के बाद शिकागो यूनिवर्सिटी पहुंचे थे और फिर वापस जेएनयू आकर उन्होंने जीवन-भर अध्यापन किया।

मैंने अपने लंदन प्रवास के दौरान जेएनयू के कई छात्रों को लंदन के अलग-अलग विश्वविद्यालयों में पढ़ते और पढ़ाते हुए भी पाया। अगर जेएनयू में शिक्षा का स्तर ख़राब होता या शोध के लिए छात्रों को ठीक से तैयार नहीं किया जाता, तो क्या उनके लिए विदेशों में एडमिशन ले पाना संभव था? इस सवाल का जवाब यही हो सकता है कि जेएनयू अपने छात्रों को एमए में इतना तैयार कर देता है कि वे दुनिया की किसी भी अच्छी यूनिवर्सिटी में आगे की पढ़ाई करने में सक्षम हो जाते हैं। मेरी पत्नी ने भी अमेरिका में पढ़ाई की है और उससे पहले जेएनयू में। यह जेएनयू के कठिन और श्रमसाध्य कोर्सवर्क का असर होता है कि कोई छात्र विदेश जाकर भी पढ़ने से हिचकता नहीं है।

आज स्थिति यह है कि जेएनयू के कई पुराने छात्र विदेशों में पढ़ने के बाद वहीं अध्यापन कर रहे हैं। ऐसे नामों में दया थुस्सु हैं, जिनकी किताबें अंतरराष्ट्रीय मीडिया जैसे विषयों पर प्रामाणिक मानी जाती हैं। बी वेंकट मणि हैं, जिनकी किताब "रीकोडिन्ग बर्ल्ड लिटरेचर" का एक मुक़ाम है।

अमेरिका के कई विश्वविद्यालयों में जेएनयू के छात्र पीएचडी करने के लिए अब भी जाते हैं और बेहतरीन रिसर्च करते हैं।

"तुम करते क्या हो?"

जेएनयू के एक और प्रोफ़ेसर के बारे में बताता हूं, भले ही उन्होंने मुझे नहीं पढ़ाया। वह उन दिनों जेएनयू से बाहर किसी बड़े पद पर थे और मैं फ़ेसबुक पर बहुत सक्रिय होकर लिखा

करता था। मेरी कोई पोस्ट पढ़कर उन्होंने इनबॉक्स में पूछा- "तुम करते क्या हो?" मैंने कहा- "बस सर, यही सब लिखता रहता हूं। पेशे से पत्रकार हूं।"

"कभी मिलो।" उनका संदेश था। मैंने उन प्रोफ़ेसर का नाम सुन रखा था और उनकी किताब का भी। मैंने झट से "हां" कहा, लेकिन सोचा कि सर ने ऐसे ही बोला है। थोड़ी देर में उन्होंने नंबर मांगा। मैंने दे दिया। पांच मिनट में फ़ोन आया। भारी, लेकिन बहुत ही ममताभरी आवाज़। बोले- "कल सुबह फ्री हो तो दफ़्तर के पते पर आ जाओ।"

मैं गया। सर तब ओरहान पामुक की किताब "द म्यूज़ियम ऑफ़ इनोसेंस" पढ़ रहे थे। बात पामुक से शुरू हुई और पता नहीं कितनी बातें हुईं। तब से मैं मानता हूं कि वह भी मेरे एक अभिभावक हैं।

उन प्रोफ़ेसर का नाम था पुरुषोत्तम अग्रवाल।

धीरे-धीरे रे मना, धीरे सब कुछ होय

जेएनयू में शुरुआती दौर में झटके बहुत लगते हैं। ख़ासकर छोटे शहरों और गांवों से आए मुझ जैसे लोगों को। पहला झटका तब लगता है, जब क्लासरूम में प्रोफ़ेसर आता है और धाराप्रवाह अंग्रेज़ी में एक घंटा लेक्चर देता है। तब लगता है, हाय हुसैन! हम कहां फंस गए। दूसरा झटका तब लगता है, जब प्रोफ़ेसर क्लासरूम में सबसे पूछता है, "एनिवन फ़ॉर टी?" कोई "हां" करे तो उसके लिए चाय मंगवा ली जाती है। तीसरा झटका तब लगता है, जब प्रोफ़ेसर अपने किसी छात्र से सिगरेट मांगकर साथ में ही सुलगा ले और दोनों आपस में बतियाने लगें। और सबसे बड़ा झटका तब लगता है, जब आप देखते हैं कि बड़ी-बड़ी बिन्दी वाली सांवली लड़कियां सहजता से धुआं छोड़े जा रही हैं और आप तब तक सिगरेट को अपनी ऊंगलियों में ठीक से फंसा भी नहीं पा रहे होते हैं।

धीरे-धीरे झटके सामान्य होने लगते हैं और आप मैच्योर होने लगते हैं। आप धीरे-धीरे अंग्रेज़ी बोलने लगते हैं। कॉन्फ़िडेंट होने लगते हैं और अंतत: आपको सबसे अधिक ख़ुशी तब होती है, जब भरी क्लास में खड़े होकर प्रोफ़ेसर से सवाल पूछते हैं और प्रोफ़ेसर कहता है- गुड क्वेश्चन!

खड़े होने और सवाल पूछने में लंबा वक़्त लगता है, लेकिन कई विश्वविद्यालयों में यह काम तीन-चार साल तक भी नहीं होता। जेएनयू में दो-तीन महीने में ऐसा हो जाता है।

अगर 615 नंबर की बस देखकर आपको कुछ-कुछ होता है

तो आप जेएनयू के हैं

अगर एक लड़का-लड़की को प्रेम करते देखकर आप मुस्करा पाते हैं

तो आप जेएनयू के हैं

अगर बड़ी से बड़ी बहस में भी आप अपना आपा नहीं खोते हैं

तो आप जेएनयू के हैं

अगर अब भी घर के समारोहों के लिए आप फ़ैबइंडिया का कुर्ता पहनते हैं

तो आप जेएनयू के हैं

आईने में अपनी दाढ़ी देखकर अगर आपको अच्छा लगता है

तो आप जेएनयू के हैं

किसी ग़रीब को देखकर मन में हूक-सी उठती है

तो आप जेएनयू के हैं

आप अगर अब भी यदा-कदा झोला और किताबें ख़रीद लेते हैं

तो आप जेएनयू के हैं

आप अगर लड़कियों के साथ रिश्तों को बहन-बेटी-मां से इतर एक इंसान के तौर पर

देख पाते हैं तो

आप जेएनयू के ही हैं

अगर आप सवाल उठा रहे हैं, चाहे आप कहीं भी हों

तो आप निश्चित रूप से जेएनयू के ही हैं

जेएनयू में दाढ़ी रखना फ़ैशन नहीं है। भले ही कैंपस से बाहर बौद्धिक चरमपंथी लोग दाढ़ी रख कर फ़ैशनेबल दिखते हों। जेएनयू में दाढ़ी एक तरह की मजबूरी है। जींस भी और ढीला-ढाला कुर्ता भी। आज भी बहुत कम झोलों में आपको आईपैड मिलेगा। हमारे समय में दाढ़ी रखने की वजह होती थी कि शेविन्ग करना एक महंगा ख़र्च था। मूल रूप से पीएचडी वाले दाढ़ी रखते थे ताकि ख़र्च बचे।

जींस पहनने के पीछे की वजह भी यही थी। गंदी कम होगी, तो धुलेगी कम। कुर्ता खादी का होता था और जब छात्रों के पास पैसा आता तो वे सबसे पहले वसंत कुंज जाकर फ़ैबइंडिया का कुर्ता ख़रीद लेते थे।

बीए वालों को दाढ़ी आ ही रही होती थी और जोश-जोश में वही लोग ज़्यादा शेविन्ग करते थे। दाढ़ी वाले अक्सर गर्लफ्रेंड वाले होते थे, तो उनको बिना दाढ़ी के सुंदर दिखना भी नहीं होता था।

बाद बाक़ी मैंने कभी दाढ़ी नहीं रखी, जब तक जेएनयू में रहा।

• • •

मेरे एक मित्र थे जो वैचारिक रूप से संघी यानी परिषद के थे। जब वह कैंपस में आए, तो उन्हें परिषद के लोगों के बारे में नहीं पता था और उनके पास हॉस्टल नहीं था। सो उन्हें आइसा के तत्कालीन प्रेसिडेंट ने अपने कमरे में रख लिया। उस कमरे में कई और बच्चे रह रहे थे, जिन्हें हॉस्टल नहीं मिला था।

जेएनयू के तत्कालीन प्रेसिडेंट का रूम सरायनुमा था। जितने लोग रह सकते थे, उतने रह जाते थे। इन बच्चों में किसी भी विचार के लोग हो सकते थे। प्रेसिडेंट को इससे फ़र्क़ नहीं पड़ता था कि कौन-सा छात्र किस विचारधारा का है? वैचारिक लड़ाई अपनी जगह और इंसानियत का तक़ाज़ा अपनी जगह। कई प्रेसिडेंटों के कमरे में दो-तीन से अधिक छात्र रहा करते थे, जिन्हें हॉस्टल नहीं मिलता था। हमारे समय में और उसके बाद भी हॉस्टल एक बड़ी समस्या रही। उस दौरान राजनीतिक रूप से सक्रिय छात्रों के कमरों में दो की जगह चार-पांच छात्रों का रहना आम था।

मेरे मित्र बाद में परिषद में औपचारिक रूप से शामिल हुए और उनके पर्चे लिखते थे, लेकिन वह यह बात आज भी गर्व से बताते हैं कि वह जेएनयू के शुरुआती दिनों में आइसा के प्रेसिडेंट के कमरे में रहते थे।

• • •

जेएनयू में रात होती है और सिर्फ़ रात होती है। दिन वहां सुबह के ग्यारह बजे होता है, छात्रों के लिए। जेएनयू में रहकर कोई छात्र रात के दस बजे सो जाए, यह लगभग असंभव है। प्रोफ़ेसर लोग जल्दी सोते होंगे क्योंकि उन्हें क्लास लेने आना होता है। बाद बाक़ी जवान छात्र सब रात के दो बजे सोकर भी नौ बजे की क्लास कर लेते है और ख़ूब नंबर लाते हैं।

जेएनयू में सब कुछ रात में होता है- बहसबाज़ी, पोस्टर छपाई, टीटी खेलना, टीवी देखना और कुछ नहीं तो प्रेमिकाओं के साथ पहाड़-गुफ़ा घूमना। सब रात के काम हैं। जेएनयू वालों को रात पसंद है, दिन में बेचारे भकुआए से रहते हैं। दिन में जेएनयू वाले मन लगाकर सिर्फ़ दो काम करते हैं- खाना खाना और टीवी देखना, वह भी जब क्रिकेट मैच हो तब। बाद बाक़ी अगर क्लास न हो, तो लंच करके दोपहर में सोना जेएनयू वालों का परम कर्तव्य है। जेएनयू में सुबह का समय सन्नाटे का होता है। सुबह नौ बजे वही छात्र बाहर दिखता है, जिसकी क्लास होती है। क्लास न हो तो फिर किसी को कोई बेहद ज़रूरी काम हो, तभी वह सुबह बाहर निकलता है। वर्ना ग्यारह बजे के आसपास जब छात्र जागने लगते हैं, तभी कैंपस में चहल-पहल शुरू होती है।

मित्रताएं

जेएनयू में सब कुछ एकदम टॉप क्लास हो ऐसा भी नहीं है। जेएनयू वालों में अल्मा मैटर की वैसी कोई फ़ीलिंग नहीं है, जैसी बाक़ी विश्वविद्यालयों में होती है। किसी दफ़्तर में दो जेएनयू वाले मिल जाएं, तो ज़रूरी नहीं कि अचानक से प्रेम हो जाए। सीनियर पहले जज करेगा कि वाक़्ई जेएनयू वाला है या नहीं। अपने अनुभव से मेरा मानना है कि जेएनयू में भी गधे, लंपट, मूर्ख छात्र हुए हैं इसलिए असली जेएनयू वाले जब किसी दूसरे जेएनयू वाले से मिलते हैं, तो एकबारगी ही मित्रता जैसी कोई बात नहीं होती है। वे सामने वाले को परखने के बाद ही तय करते हैं मित्रता के बारे में।

आईआईटी और बाक़ी विश्वविद्यालयों का अपना नेटवर्क होता है, जिसमें यह मैटर करता है कि आप किस हॉस्टल के हैं लेकिन जेएनयू में इस तरह की कोई बात नहीं है। आप जेएनयू से हों, तो भी ज़रूरी नहीं कि सामने खड़ा जेएनयू का सीनियर आपकी कोई ख़ास मदद करे। मदद करने के लिए पहले वह आपको समझेगा, जानेगा और फिर तय करेगा कि आप उसके नेटवर्क में आ सकते हैं या नहीं। इसमें वैचारिक मामला भी हो सकता है और आमतौर पर जेएनयू जैसे विचारों का मामला भी हो सकता है।

मैं जिस दफ़्तर में काम करता था, वहां जेएनयू के दो-तीन लोग थे, लेकिन उनमें से किसी ने भी पहले-पहल न तो मुझसे अधिक बात की और न ही बताया ही कि वे जेएनयू से हैं। धीरे-धीरे जब मैं काम करने लगा और वे मुझे जान गए, तब उन्होंने बताया कि वे जेएनयू से हैं। जब मैं एक बार अपने संपादक से वैसे ही लड़ने लगा जैसे जेएनयू में बहस होती है, तो जेएनयू वाले सीनियर मुझे किनारे ले गए और बोले- "सुनो बरखुरदार, यह जेएनयू नहीं है। यहां बहस की वैसी गुंजाइश नहीं, जैसी कैंपस में होती है इसलिए सोच-समझ कर बहस किया करो।"

कैंपस के कुत्ते

जेएनयू की लड़कियों को अपने प्रेमियों से ज़्यादा कैंपस के कुत्तों से प्रेम होता है। सॉरी! लेकिन यह बहुत हद तक सही बात है। भले ही कुत्तों ने कई लड़कियों को काटा हो पर कैंपस के कुत्ते गर्ल्स हॉस्टल के पास ऐसे घूमते हैं मानो सरकार उन्हीं की हो।

एक बार की बात है। पेरियार के सामने चार-पांच कुत्ते एक लड़की के पास भौंक रहे थे। अचानक देखने पर लगा कि शायद लड़की पर हमला कर रहे हों। मैंने जाकर कुत्ते को एक लात मारी। मुझे लगा कि अब थैंक्यू बोला जाएगा, लेकिन लड़की ने पलट कर मुझे अंग्रेज़ी में डांटा- "व्हाट डू यू थिंक? डोंट हिट देम, दे आर प्लेइंग विद मी।"

मैं सकपका गया और सॉरी-सॉरी बोलने लगा। साथ में एक सीनियर थे। बोले- "मोहतरमा, हमें भी लगा कि आपको कुत्ते तंग कर रहे हैं। माफ़ कर दीजिए..." बात आई-गई हो गई। तब से मैं कैंपस में जब तक रहा, कुत्तों से अधिक कुत्तों से प्रेम करने वाली लड़कियों से डरता रहा। यहां ये ज़िक्र करना भी उचित ही होगा कि मेनका गांधी की पढ़ाई जेएनयू से हुई है और जानवरों से उनका लगाव बहुत संभव है कि इसी कैंपस में परवान चढ़ा हो।

प्रेसिडेंशियल डिबेट की राजनीति

बहुत सारी सुनी-अनसुनी, देखी-अनदेखी बातें याद आ रही हैं। एक पुराना वाक़्या है। अब किन्वदंती बन गया है। एसएफ़आई में टूट हुई। आइसा बना। छात्र संघ के चुनाव हो रहे थे। प्रेसिडेंशियल डिबेट का दिन था। आइसा का उम्मीदवार भाषण दे चुका था। अब समय था कि उनसे सवाल पूछे जाएं। एसएफ़आई वाले उम्मीदवार ने सवाल पूछा-

"कार्ल मार्क्स की लिखी पांच किताबों के नाम बताइए।"

आइसा के उम्मीदवार ने तड़ से कहा- कम्युनिस्ट मैनिफ़ेस्टो, दास कैपिटल... और फिर हवा में नाम खोजने लगा। हूटिन्ग हुई। पता नहीं कैसे जान छूटी। वैसे चुनाव में प्रेसिडेंट पद पर जीत आइसा के उम्मीदवार की हुई।

दूसरी घटना में एसएफ़आई उम्मीदवार था। सवाल किसी ने पूछा बस वही, "कार्ल मार्क्स की पांच किताबों के नाम बताइए।" उम्मीदवार चतुर था। तेज़ आवाज़ में बोला- आप मुझसे मार्क्स की किताबों के नाम पूछते हैं! फिर संगीतमय नारे की आवाज़ में बोलने लगा- दास कैपिटल... दास कैपिटल... दास कैपिटल... दास कैपिटल। नीचे समर्थकों ने जोड़ा... अरे, ज़ोर से बोलो... दास कैपिटल...दास कैपिटल...दास कैपिटल ...दास कैपिटल...

कैंडिडेट चुनाव जीता या नहीं जीता इसकी जानकारी मुझे नहीं है लेकिन घटनाएं सच हैं।

...

मैं जब तक जेएनयू में रहा, हिन्दी सेंटर से मेरा कोई लेना-देना नहीं रहा। मैं एसआईएस यानी स्कूल ऑफ़ इंटरनेशनल स्टडीज़ में था और लैंग्वेज वालों के नाम पर मेरे मित्रों में फ्रेंच, स्पैनिश, चीनी, जापानी वाले बच्चे अधिक थे। हिन्दी वाले कम थे। हिन्दी वालों से मेरा साबका रूममेट के कारण हुआ क्योंकि वह हिन्दी की किताबें पढ़ता था। ख़ैर, हिन्दी के साथ तीन और सेंटर हुआ करते थे, जो हूपा के नाम से जाने जाते थे। हूपा बोले तो हिन्दी, उर्दू, फ़ारसी और अरबी... हूपा का एक अर्थ होपलेस भी था और यह इन सेंटरों को चिढ़ाने के लिए ही रखा गया नाम था। होपलेस कई मायनों में, पर मुख्य मायना वही था, जो आप लोग समझ रहे हैं... प्रेम का मामला।

इन सेंटरों में लड़कियां कम होती थीं। विकल्प कम, तो उम्मीदें भी कम। ख़ैर, हिन्दी वालों से मेरा सीधा सामना झेलम में हुआ। तीन लोग थे हिन्दी वाले। तीनों मेस टेबल पर बैठ कर बतियाते थे तो लगता था कि ये लोग किसी एलियन भाषा में वार्तालाप कर रहे हैं। इतनी रोटियां खाते थे कि मेस टेबल के लोग दिखाते थे कि भाई आ गए तीनों। इन तीनों के नाम याद नहीं हैं। मैंने जानने की ज़हमत नहीं उठाई।

लिखते-लिखते हिन्दी के कुछ सीनियर और बाक़ी कुछ प्रिय याद आ गए। उनसे मित्रताएं हिन्दी की वजह से नहीं थी। हिन्दी वालों से मैं अमूमन डरा ही रहा। जेएनयू के शब्दों में हिन्दी वाले बहुत कड़े हुआ करते थे।

ज्ञान की विनम्रता

हिन्दी की बात चली है तो अधीर भइया और सव्यसाची भइया के बारे में... ये दोनों हमारे आईआईएमसी के एक मित्र के बड़े भइया थे और हिन्दी सेंटर के थे। उनसे मिलने पर लगता था कि बड़ा भाई ऐसा ही होना चाहिए। सव्यसाची भइया कभी हिन्दी ज्ञान नहीं बघारते थे और इतने प्यार से बात करते थे कि लगता था, भइया के पास घंटों बैठे रहें।

अधीर भइया बाल काले करते थे और पान खूब खाते थे। शाम की चाय का ज़िम्मा अक्सर अधीर भइया का होता था क्योंकि वह जेआरएफ़ पाते थे। अधीर भइया हमारे रहते-रहते ही प्रोफ़ेसर होकर रामनगर चले गए थे। बाद में हिन्दी के दो लोगों से मेरा स्नेह हुआ। प्रमोद तिवारी और सागर। प्रमोद तिवारी कविताएं पढ़ते थे, हिन्दी में भी और भोजपुरी में भी। चाट सम्मेलन और यदा-कदा उनको कविता पाठ करते देखकर लगता था कि इतने सज्जन भी हो सकते हैं हिन्दी वाले।

सागर को तो जहां कहो खड़े होकर एक कविता सुना दिया करता था, एकदम मन से। कालांतर में प्रमोद तिवारी भी गुजरात में प्रोफ़ेसर हुए और सागर बाबू चले गए बॉलिवुड फ़िल्मों में ट्राई करने। आज सागर बॉलिवुड के सफल गीतकारों में गिने जाते हैं। उनका लिखा हुआ एक बेहद लोकप्रिय गीत रहा है, "बंबई में का बा"। हिन्दी की बात चली, तो जेएनयू के एक हिन्दी वाले सीनियर हैं संजय चौहान, नेशनल अवॉर्ड जीतने वाले।

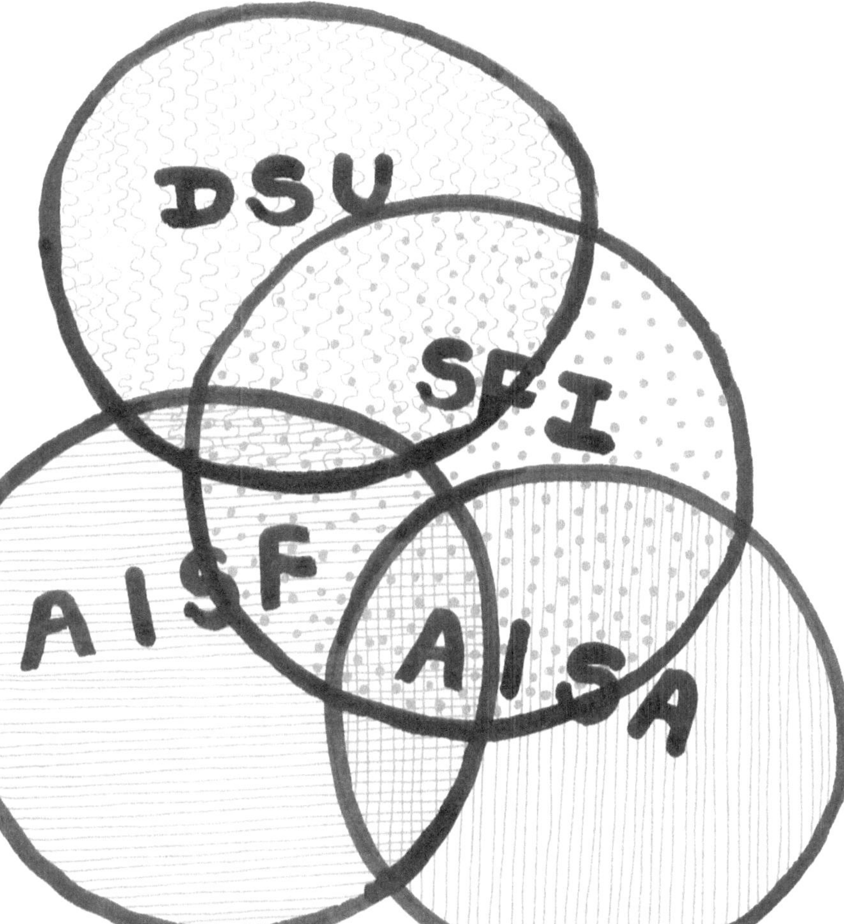

DSU
SEI
AISF
AISA

वैचारिक राजनीतियों का खोखलापन

जेएनयू में सत्ता अधिकतर समय यानी कि 99 प्रतिशत लेफ़्ट पार्टियों के पास रही है तो आलोचना उनकी ही ज़्यादा होती है और होनी भी चाहिए। एसएफ़आई और आइसा की लड़ाई मुख्य मानी जाती रही है। हमारे आने से पहले कभी एआईएसएफ़ भी मज़बूत हुआ करता था। एसएफ़आई वाले अत्यंत चतुर होते हैं। एकदम माकपा की तरह। मलाई खाने में उस्ताद। एसएफ़आई के लोग जल्दी-जल्दी प्रोफ़ेसर बनते हैं और विदेश जाने में उनका नंबर अव्वल होता है क्योंकि पढ़ते भी ढेर हैं। जार्गन गिराने में यानी अकादमिक शब्द, परिभाषाएं और कठिन विचारों के बारे में बात करने में उनका कोई सानी नहीं है। आप उन्हें लेफ़्ट का एलीट वर्ग कह सकते हैं। ये जेएनयू से निकलने के बाद अक्सर बड़े एनजीओ, कॉलेजों, सेमिनारों में फ़ैबइंडिया का कुर्ता पहने दिखते हैं।

आइसा वाले एसएफ़आई की अपेक्षा ज़मीन से अधिक जुड़े होते हैं, तो इनके प्रोफ़ेसर आपको दिल्ली और मुंबई से इतर छोटी जगहों पर मिलेंगे। दाढ़ी ज़्यादा इनकी ही होती है। ये कभी-कभी पगलाते हैं, तो सबका विरोध करते हैं लेकिन जेएनयू से निकलने के बाद कई लोग समझदार भी हो जाते हैं और पत्रकारिता आदि में भी जीवन-यापन खोज लेते हैं। इनमें विदेश जाने वालों की संख्या बेहद कम होती है।

अखिल भारतीय विद्यार्थी परिषद में कैडर कोई नहीं होता, जैसा मैं पहले भी बता चुका हूं। इसमें 90 प्रतिशत शौकिया राजनीति वाले होते हैं, जो एमए के बाद अपना ध्यान पढ़ाई में लगा देते हैं। बाद बाक़ी पांच प्रतिशत गंभीर राजनीति वाले संघ और बीजेपी में एडजस्ट होने में समय लगाते हैं और धीमे-धीमे आगे बढ़ते हैं। उनकी बहस की आदत राजनीति में आगे बढ़ने की उनकी राह में रोड़ा बनती है क्योंकि जेएनयू आपको कुछ बनाए न बनाए बहसबाज़ तो बना ही देती है।

...

दो बड़े कॉमरेड जेएनयू के हुए हैं- प्रकाश करात और सीताराम येचुरी। प्रकाश जी ने सीपीएम की लुटिया कितनी डुबोई है, इस पर बहस की गुंजाइश नहीं है। सीताराम जी का कार्यकाल भी कोई ख़ास नहीं रहा है। ध्यान से देखिएगा तो पाइएगा कि दोनों दाढ़ी

नहीं रखते हैं। ज्ञान के मामले में जार्गन गिराने में दोनों का कोई जोड़ नहीं है। सीताराम भाषण भी अच्छा देते हैं और पढ़े-लिखे लोग झट से उनके मुरीद हो जाते हैं, इसमें कोई शक़ नहीं।

प्रकाश करात ज्ञानी वामपंथी थे। पता नहीं, पार्टी में कैसे आगे बढ़े। उनको अमेरिका की किसी बड़ी यूनिवर्सिटी में प्रोफ़ेसर होना चाहिए था। सीताराम जी के बारे में क़िस्सा मशहूर है कि उन्हें एमए के तुरंत बाद वर्ल्ड बैंक से नौकरी का ऑफ़र मिला था, जो उन्होंने ठुकरा दिया था। सत्तर के दशक में यह बहुत बड़ी बात हुआ करती थी। सीताराम येचुरी के बौद्धिक स्तर पर किसी को कभी शक़ नहीं रहा है, लेकिन उनकी बौद्धिकता ने उन्हें भी कैंपस के आम छात्रों से थोड़ा अलग किया है। यह मेरी व्यक्तिगत राय है। कहते हैं कि वह अब भी यदा-कदा गंगा ढाबे पर आते हैं और किसी कॉमरेड से मांग कर चार्म्स सिगरेट पीते हैं।

इन दोनों नेताओं के शीर्ष पर पहुंचते-पहुंचते ही भारत में वामपंथी दलों का अवसान शुरू हो गया है। अब लेफ़्ट पार्टी बस केरल में बची है। पश्चिम बंगाल में लंबे समय से वह सत्ता में नहीं है और त्रिपुरा में भी लंबे समय के बाद सत्ता से हटाई जा चुकी है।

आनंद कुमार: द जाएंट किलर

जेएनयू कथा में कई बातें मेरे पैदा होने से पहले की भी हैं क्योंकि ये कथाएं मैंने सुनी हैं, तो आपको सुना रहा हूं...

आनंद कुमार। प्रोफ़ेसर आनंद कुमार। वह बीएचयू से जेएनयू आए थे। समाजवादी विचारधारा के थे। ज़ाहिर है जेएनयू में इस विचारधारा का उस समय कुछ होगा नहीं। एक गुट हुआ करता था, फ्री थिंकर्स यानी कि खुली सोच। असल में यह वो गुट था जो न लेफ़्ट था, न राइट था। आनंद जी ने चुनाव लड़ा फ्री थिंकर्स की तरफ़ से। प्रेसिडेंट पद का चुनाव था। सामने थे एसएफ़आई से प्रकाश करात। घनघोर बहस हुई। प्रेसिडेंशियल बहस में आनंद कुमार के भाषण को आज भी लोग याद करते हैं। वह जीत गए। यह वाम दलों के लिए बहुत बड़ा झटका था।

फ्री थिंकर प्रोफ़ेसर आनंद कुमार। सोच लीजिए, वाम के गढ़ में सेंध लगी थी। आगे चलकर आनंद कुमार शिकागो विश्वविद्यालय चले गए पीएचडी करने और लौटकर फिर जेएनयू में नियुक्त हुए। मुझे आनंद कुमार जी को दो-तीन बार इंटरव्यू करने का मौक़ा मिला है। उनके बारे में एक ही बात कह सकता हूं। वह बालसुलभ व्यक्तित्व वाले हैं और जब भाषण देते हैं, तो लगता है कि उनके भीतर वाग्देवी प्रविष्ट हो गई हों।

जेएनयू टीचर्स एसोसिएशन के अध्यक्ष के तौर पर उन्हें सुना, तभी समझ में आया था कि करात साहब हारकर भी खुश हुए होंगे...

नोट- प्रकाश करात 1973-74 में प्रेसिडेंट रहे जिसके बाद 1974-75 में दोबारा लड़े तो आनंद कुमार से हारे।

दो छोटी-छोटी प्रेम कहानियां

एक तो सीआईएएल-सेंटर फ़ॉर इंडियन लैंग्वेजेज़ के हिन्दी विभाग की घटना है। नाम याद नहीं है किसी का। लड़के को लड़की से प्रेम हो गया। लड़का पढ़ने में बहुत ज़हीन था और कविताएं लिखता था। लड़की को वह लड़का पसंद नहीं था। कारण चाहे जो भी रहा हो। लड़का सज्जन था, लेकिन प्रेम में दीवानगी थी। कहते हैं कि ख़ून से कविता वग़ैरह लिखकर भेज देता था। मामला बढ़ा, तो जीएसकैश में गया। वहां लड़के से पूछा गया कि क्या तुमने ये पत्र लिखे हैं?

उसने तपाक से कहा- "हां सर, यही नहीं, मैंने तो ये कविता भी लिखी है इनके लिए।"

डांट-डपट कर मामला रफ़ा-दफ़ा किया गया, लेकिन लड़का माना नहीं। मामला बहुत बढ़ गया। वीसी चड्ढा वीसी थे उन दिनों। शायर मिज़ाज के आदमी थे। उन्होंने बीच-बचाव किया। बोले, लड़का तो शायर भी है। समझाया-बुझाया। बंदा नहीं माना। बोला, प्रेम तो इसी से करूंगा। लड़के को साल-भर के लिए कैंपस से निकाल दिया गया। ऐसा कहते हैं कि लड़के ने दो साल बाद कैंपस में क़दम रखा, जब लड़की अपना एमए और एमफ़िल का एक साल पूरा कर चुकी थी, ताकि वह कभी क्लास में भी लड़की के आमने-सामने न हो पाए।

...

एक कथा पेरियार हॉस्टल की। बहुत सीनियर थे। प्रेम चल रहा था कई बरसों से। हुआ यह कि शादी कर ली जाए। कोई टेक्निकल अड़चन आ रही होगी। विदेश जाना होगा या और कुछ। तय हुआ कि साहब, शनिवार की सुबह दस बजे मलय मंदिर (कैंपस से दो किलोमीटर दूर) में जाकर शादी होगी। शुक्रवार की रात दोस्तों ने तय किया कि शादी के पहले की पार्टी कर लेते हैं। पार्टी शुरू हो गई। पार्टी होते-होते सुबह हो गई और सब सो गए।

दिन के दस बजे सजी-धजी दुल्हन आई पेरियार में कि कहां गया दूल्हा? पेरियार हॉस्टल में दूल्हा अपने दोस्तों के साथ खर्राटे ले रहा था। सब उठे, तो तय हुआ कि शादी अब रविवार को ही की जाएगी। दोपहर के लंच के बाद तय हुआ कि अब जो शादी कल होगी, उसकी पार्टी तो अभी हो जाए। दुल्हन ने कहा कि वह भी साथ रहेगी। इस तरह शादी आख़िरकार रविवार को हुई। इस कथा के पात्रों को मैं बिलकुल नहीं जानता हूं, लेकिन कथा सत्य है।

नीरज बुखारी और अरबी का क़िस्सा

एक मेरा जूनियर हुआ नीरज। नीरज कैंपस में आया, तो उसने तय किया कि वह अरबी भाषा पढ़ेगा। क्यों तय किया, यह तो वही बता पाएगा क्योंकि नीरज जब कुछ तय कर लेते हैं, तो तय कर लेते हैं। ज़रूरी नहीं कि उसका कोई कारण हो। नीरज के दोस्तों ने उसका नाम रखा नीरज बुखारी। मेरे फ़ोन में अब भी नीरज का नाम नीरज बुखारी के नाम से सेव है।

नीरज ने अरबी की पढ़ाई पूरी की, लेकिन बीए के बाद पाया कि रोज़गार के अवसर कम हैं। फिर नीरज ने स्पैनिश सीखी और अंग्रेज़ी-स्पैनिश में गाइडिंग करना शुरू किया। नीरज की ख़ास बात यह है कि वह पहले तय करता है, फिर सोचता नहीं है।

एक बार मेरे घर आया। उन दिनों नीरज को सलाद खाने का शौक़ था। डिनर में वह एक किलो खीरा, आधा किलो गाजर, आधा किलो चुकंदर, आधा किलो पनीर, ढाई सौ ग्राम प्याज और पता नहीं क्या-क्या ले आया और बोला, खाइए सर। मजबूरी में खाना पड़ा पेट भरके। नीरज तय कर लेता कि साइकिल लेनी है और वह करोल बाग से साइकिल लेकर चलाते हुए जेएनयू तक आ जाता है। नीरज को जब मन होता है, तो वह बीसियों किलोमीटर पैदल घूम लेता है और थकता नहीं है। मैंने आज तक उससे पूछा नहीं है कि उसने अरबी की पढ़ाई क्यों की थी? आजकल उसे फ़ोटोग्राफ़ी का शौक़ है, तो बड़े कैमरे से फ़ोटो खींचता है। मैंने कहा कि अच्छे फ़ोन से क्यों नहीं फ़ोटो लेते हो, तो मुस्कराने लगा और बोला- “अब मुझे एसएलआर से ही लेना है फ़ोटो।”

भूख, मेस और पैसे

एक वाक़्या है। अपना दोस्त था। पढ़ता था आईआईएमसी में और रहता था जेएनयू में। ऑफ़कोर्स "पिग" यानी परमानेंट इल्लिगल गेस्ट। उसके पास पैसे थे नहीं और उसे लगी हुई थी भूख। मेस में गया, थाली उठाई तो मेस वर्कर ने कहा- कूपन कटाइए। दोस्त ने मेस वर्कर की आंखों में आंखें डाली और कहा- "भइया, ऐसा है कि मेरे पास पैसा नहीं है और मुझे भूख लगी है।" मेस वर्कर ने थाली में दो करछुल सब्जी और डाल दी। ऐसा क़रीब पंद्रह दिन तक चला। फिर दोस्त के पैसे आए, तो वह गया पैसे देने।

मेस वर्कर ने कहा- "जाने दो बेटा। किताबें ले लेना।"

यह दोस्त इस समय एक जानी-मानी संस्था में पत्रकार है।

जेएनयू ऐसा भी है। शायद यह भी एक कारण है कि जब मेस वर्करों ने अपनी नौकरियां स्थायी करने के लिए हड़ताल की तो छात्रों ने भी उनका साथ दिया था।

...

एक रूपेश बाबू हुए। हमारे प्रिय जूनियरों में से एक। रूपेश बाबू भी बेंगलुरु की बढ़िया नौकरी छोड़कर दिल्ली लौट आए थे, मैनेजमेंट की तैयारी करने। रूपेश को देखकर कोई नहीं कह सकता था कि बिहारी है। हम लोग लंबे समय तक उसे जाट समझते रहे। सुंदर क़द-काठी और बुलेट पर घूमने वाले रूपेश ने मैनेजमेंट के लिए जितनी मेहनत की होगी, उतनी मेहनत करते मैंने कम लोगों को देखा है।

रूपेश की शादी का क़िस्सा भी ग़ज़ब है। लड़की भी जेएनयू की। बेंगलुरु में साथ नौकरी करती थी, लेकिन लड़की के मां-बाप राज़ी नहीं थे। लड़की शायद ब्राह्मण थी और रूपेश भूमिहार। मुझे ठीक-ठीक पता नहीं। रूपेश ने अपने पिताजी को बताया। उनके पिताजी लड़की के पिताजी के पास गए और बोले, "देख लीजिए साहब, प्यार से लड़की ब्याह दीजिए, वर्ना भूमिहार हैं। उठाकर भी कर सकते हैं।"

शादी हो गई। इस समय रूपेश अमेरिका में मैनेजमेंट की पढ़ाई करके अच्छी नौकरी में लगे हैं।

नारे, नारे और नारे

पोस्टरों की अपनी एक दुनिया है जेएनयू में। हर पार्टी में पोस्टर बनाने वाले कलाकार होते हैं। हर पार्टी के लिए चुनाव के समय पोस्टर बनाने और लगाने की जगह तय होती है। चुनाव के बाद भी पार्टियां यदा-कदा पोस्टर बनाकर चिपकाती रहती हैं। कोई समसामयिक मुद्दा हो, तो उस पर भी पोस्टर बना कर लगा दिया जाता है। जेएनयू के एडमिनिस्ट्रेशन ब्लॉक से लेकर बाक़ी इमारतों के मुख्य द्वारों पर पोस्टरों की भरमार रहती है, जिसमें तमाम तरह की आलोचना और राजनीतिक संदेश देखे और पढ़े जा सकते हैं।

नारों के तो क्या कहने! कुछ कॉमन नारे होते हैं- ज़िंदाबाद और मुर्दाबाद जैसे। बाक़ी दो नारे परिषद के और दो नारे लेफ़्ट के बताता हूं, मज़ेदार वाले।

परिषद का एक नारा था- "चाओ माओ जो कहते हो, तो भारत में क्यों रहते हो?"

दूसरा नारा- "माओवाद न साम्यवाद। यहां चलेगा राष्ट्रवाद।"

इसके जवाब में लेफ़्ट के नारे थे- "जब लाल-लाल लहराएगा, तो होश ठिकाने आएगा।"

और दूसरा, मेरा सबसे प्यारा नारा- "खाकी निक्कर... चर्र चर्र... चर्र चर्र चर्र चर्र..."

ये "चर्र चर्र" से मेरा प्रेम विचारधारा की वजह से नहीं था, बल्कि ध्वनि से था। जब यह नारा लगता, तो परिषद वाले भी मुस्कराते। परिषद के नए छात्र अपनी पैंट देखते कि कहीं वहां तो नहीं फटा है।

ख़ैर, ये नारे चुनाव परिणाम के दौरान एक-दूसरे के आमने-सामने लगते। ज़ोर-ज़ोर से। कोई लड़ाई नहीं होती। 48 घंटे तक ये नारेबाज़ी होती रहती।

यह भी जेएनयू है।

कोई भी अच्छा लिख सकता है

एक नलिन भारतीजी हुए। बेगूसराय के थे। जेएनयू में डायरेक्ट एमफ़िल में आए थे। चुप रहते और बीच में चुटुक बात कह देते। बेगूसराय वालों में यह ख़ासियत होती है। हिन्दी माध्यम से आए थे। बांग्लादेश पर रिसर्च कर रहे थे। पीएचडी तक आते-आते नलिन जी अंग्रेज़ी में पर्चा लिखने लगे। बिज़नेस स्टैंडर्ड से लेकर कई अन्य पत्रिकाओं में उनके लेख छपे। शायद एक बार हिन्दू के बिज़नेस लाइन में भी। उस दिन नलिन भाई सबसे अधिक ख़ुश थे। जेएनयू में हिन्दू अख़बार का क्रेज़ था।

अख़बारों में लेख सिर्फ़ नलिन भारती के ही नहीं छपते थे, जेएनयू में कई ऐसे सीनियर छात्र थे, जिनके लेख अंतरराष्ट्रीय जर्नल्स में छपा करते थे लेकिन वे इस बारे में ज़ोर-शोर से हल्ला नहीं करते थे। मेरे ही एक मित्र तबरेज़ का लेख इकोनॉमिक एंड पोलिटिकल वीकली में जब छपा था, तो वह पीएचडी के दूसरे साल में थे। ईपीडबल्यू में किसी छात्र का लेख छपना बड़ी बात थी।

मैं एमए में आने से पहले कई बार नलिनजी से सलाह-मशविरा करने जाया करता था। साफ़-साफ़ हिन्दी बोलने वाले नलिन भाई अपना उदाहरण देकर कहा करते- "देखो, हिन्दी माध्यम से पढ़ने के बावजूद जब मैं अंग्रेज़ी में लिख सकता हूं, तो तुम भी सीख जाओगे। तुम्हें जेएनयू में पढ़ना चाहिए।" सौम्य से नलिन भाई इकोनॉमी के एक्सपर्ट थे। वर्तमान में पटना आईआईआईटी में प्रोफ़ेसर हैं।

• • •

आप सोच रहे होंगे कि मैं बार-बार अंग्रेज़ी की बात क्यों कर रहा हूं? इसका कारण यह है कि सोशल साइंस के विषयों में, अर्थशास्त्र में, राजनीति में और अंतरराष्ट्रीय संबंध के अलावा साइंस के विषयों में भी जितनी सामग्री अंग्रेज़ी में उपलब्ध है, वह हिन्दी में नहीं है। दुनिया में ज़्यादातर रिसर्च अंग्रेज़ी में है, तो विश्वस्तरीय काम पढ़ना, जानना और कॉन्ट्रीब्यूट करना है, तो अंग्रेज़ी ज़रूरी है।

एक और राष्ट्रवादी तर्क यह हो सकता है कि ये सब हिन्दी में क्यों नहीं? जैसे जापान, चीन, जर्मनी या फ्रांस में है। बिलकुल होना चाहिए, लेकिन यह काम अकेले जेएनयू के बस का नहीं। यह बहुत बड़ा काम है और इसे सरकार के स्तर पर होना चाहिए।

कम से कम जेएनयू में अंग्रेज़ी सीखना आसान है। कैंपस में अगर आप हिन्दी बोल रहे हैं, तो आपको कोई हीन भाव से नहीं देखता है लेकिन अगर थोड़ी कोशिश करें, तो अंग्रेज़ी सीखना बहुत आसान हो जाता है। कैंपस आने से पहले मैंने हिन्दी माध्यम से पढ़ाई की थी। कैंपस में आने के बाद ही मैंने अंग्रेज़ी बोलना शुरू किया और यहीं बने मित्रों के साथ खूब प्रैक्टिस करता रहा। इसी कारण मैं बाद में अंग्रेज़ी और हिन्दी दोनों भाषाओं में काम कर पाया।

एकेडेमिक्स में अंग्रेज़ी की ज़रूरत इसलिए भी अधिक होती है कि पढ़ने, पढ़ाने और लिखने का काम जानने के लिए अंग्रेज़ी ही एक भाषा है। किसी अंतरराष्ट्रीय जर्नल में हिन्दी या किसी अन्य भाषा में लेख नहीं छप सकते, तो अंग्रेज़ी जान लेना ही बेहतर होता है, अच्छा होता है।

एक भूख हड़ताल हिन्दी के लिए

आपमें से कई लोगों ने वेदप्रताप वैदिक का नाम सुना होगा। शायद उनके लेख भी पढ़े होंगे। उनका और जेएनयू का एक क्रांतिकारी क़िस्सा है। वैदिकजी इंटरनेशनल रिलेशन पढ़ने आए थे और पीएचडी पूरी करके गए। उन्होंने तय किया कि वह अपनी पीएचडी हिन्दी में लिखेंगे। तब तक चलन नहीं था कि कोई हिन्दी में अपनी पीएचडी लिखे, हिन्दी के अलावा। अब मामला फंस गया। गाइड ने मना किया होगा। वैदिक जी तब तक कड़े हो चुके थे। एकदम जेएनयू टाइप। सुनते हैं कि वह भूख हड़ताल पर बैठ गए और फिर कोर्ट में गए। यह मामला शायद सुप्रीम कोर्ट तक गया और कोर्ट ने कहा कि हिन्दी में जमा की जाए पीएचडी। तब से अगर आप चाहें तो किसी भी सेंटर में हिन्दी में पीएचडी लिख कर जमा कर सकते हैं। कोई स्वीकारने से इनकार नहीं कर सकता।

●●●

थोड़ी पुरानी दुनिया में ले चलता हूं आपको और यह बताता हूं कि आख़िर मैंने जेएनयू में क्यों पढ़ना चाहा? माहौल-वाहौल सब ठीक था, लेकिन एक अत्यंत व्यक्तिगत वजह थी।

मैं बॉटनी का छात्र रहा हूं। उसके बाद जब आईआईएमसी में आया तो अवाक था। लोग दिनकर, नागार्जुन, शिवानी और महादेवी वर्मा से लेकर राजनीतिक बातें ऐसे करते थे मानो वे पैदा ही इनके साथ हुए थे। मेरी राजनीतिक समझ कमज़ोर थी। हालांकि आईआईएमसी के पहले सेमेस्टर में मैं टॉपर था। ख़ैर, आईआईएमसी ख़त्म हुआ और लोग इधर-उधर हो गए। ज़ाहिर है इस संस्थान में भी कुछ कॉमरेड टाइप लोग थे, जिन्हें अपने डीयू से पढ़ने, ग़रीबों के बारे में कठिन और अबूझ अकादमिक भाषा में बात करने का गुमान था।

एक दिन हम कुछ लोग बैठे थे। कोई राजनीतिक बहस चल रही थी। मैंने कुछ हस्तक्षेप करना चाहा, तो एक लड़की ने कहा, वह भी बड़े तंज भरे शब्दों में- "पहले तुम कुछ पढ़ लो यार, तब ऐसी बहस में कुछ कहना।" यह बात मुझे चुभ गई थी। मैंने आज तक किसी को नहीं बताया। जब जेएनयू में एडमिशन हुआ, तो मैंने तय किया था कि दुनिया की सारी किताबें पढ़ लूंगा। सारी तो नहीं, लेकिन कुछ तो मैंने ज़रूर पढ़ीं।

फिर एक दिन वही कुछ लोग बैठे थे, तो किसी ने पूछा, "क्या सुशील, कैसी पढ़ाई चल रही है?" मैंने जवाब में अंतरराष्ट्रीय संबंध की गेम थ्योरी बताना शुरू की, जिस पर मैंने एक पर्चा लिखने की सोची थी उस समय। थोड़ी जटिल थी, लेकिन समझा दिया। वह मोहतरमा भी थीं। उनका मुंह उस दिन देखने लायक था, लेकिन तब तक मेरे मन में बदले की भावना ख़त्म हो चुकी थी। मैं खुश था कि उनके तानों के कारण उस दिन मैं जेएनयू आया था।

पीवीआर प्रिया

जेएनयू के क़िस्सों में पीवीआर प्रिया सिनेमा का ज़िक्र न होना ठीक नहीं लगेगा। तब दिल्ली के हैपनिन्ग शॉपिन्ग कॉम्प्लेक्स में प्रिया का पहला या दूसरा नंबर माना जा सकता था। प्रिया में अमूमन अंग्रेज़ी की फ़िल्में लगती थीं। टिकट था दस रुपये और सौ रुपये। दस रुपये वाले में गर्दन ऊंची करके फ़िल्म देखनी पड़ती थी और आगे बैठकर। जेएनयू वाले दस वाला टिकट ही ख़रीदते थे। पहले लोग कम थे, तो टिकट मिल जाता था।

जेएनयू की आबादी बढ़ी, तो लाइन लगने लगी। फिर प्रिया वाले से बात करके तय किया गया कि हर दिन जेएनयू के बच्चों के लिए पचास टिकटें होंगी। अब इन पचास टिकटों के लिए हम लोग शाम के पांच बजे जाकर प्रिया के गेट पर बैठ जाते थे। फिर तय कर दिया गया कि कौन-सा हॉस्टल किस दिन फ़िल्म देखेगा। वह पचास आईकार्ड और पैसे लेकर शाम के पांच बजे गेट पर बैठ जाता, नाइट शो के टिकट के लिए। जी हां, यह बात सुनने में बेशक अटपटी लगे, लेकिन सच्ची बात है। एक बार किसी टिकट को लेकर विवाद हुआ था तो वहीं पर प्रिया सिनेमा डाउन-डाउन के नारे भी लगाए गए थे और मैनेजर को मामला सुलझाने के लिए आना पड़ा था।

प्रिया पर सिर्फ़ और सिर्फ़ जेएनयू वाले बच्चे ही शान से हवाई चप्पल और फटी जींस में घूमते थे। बाक़ी वहां एलीट टाइप के लोग आते थे, छोटी-छोटी स्कर्टों में और टाई सूट-बूट में।

आजकल जेएनयू वाले बच्चे सामने के डीएलएफ़ और एम्बियंस मॉल में जाते हैं।

पोस्ट स्क्रिप्ट

किसी भी कथा को कहीं न कहीं ख़त्म करना पड़ता है। जेएनयू की कथा अनंत इसलिए भी है क्योंकि जेएनयू में जिसने भी पढ़ाई की है, उसके पास जेएनयू की अपनी एक कहानी है। जो राजनीतिक रूप से सक्रिय रहे, उनका जेएनयू मेरे जेएनयू से अलग है। जो बायोटेक या साइंस के विभागों में रहे, उनका जेएनयू कुछ और ही होगा। सोशल साइंस में एकेडेमिक काम करके पीएचडी करने विदेश गए लोग जेएनयू को अलग ढंग से याद करते होंगे। हां, यह तय है कि हर आदमी जेएनयू को याद करता है। चाहे नोबेल पुरस्कार विजेता अभिजीत बनर्जी हों या प्रिन्स्टन में पढ़ा रहे इतिहासकार ज्ञान प्रकाश। जेएनयू के ही कुछ सीनियर यह भी मानते हैं कि जेएनयू ओवर रेटेड है। अपनी ही यूनिवर्सिटी की कटु आलोचना आप जेएनयू के छात्रों से ही पा सकते हैं।

सत्तर के दशक की शुरुआत में जेएनयू में पढ़ाने वाले अध्यापकों की तूती बोला करती थी। प्रिन्स्टन में इतिहास के प्रोफ़ेसर ज्ञान प्रकाश एक इंटरव्यू में कहते हैं कि उस ज़माने में डीयू के छात्र बीए करने के बाद जेएनयू में आने का सपना देखा करते थे। यहां तक कि दिल्ली स्कूल ऑफ़ इकोनॉमिक्स में भी जेएनयू के इकोनॉमिक्स विभाग को लेकर सम्मान का भाव था।

सत्तर, अस्सी और नब्बे के दशक में जेएनयू में कई बड़े बदलाव हुए और ये बदलाव छात्रों के दबाव में किए गए। जेएनयू के पुराने छात्र बताते हैं कि सबसे पहली बार पुलिस जेएनयू में आई थी 1983 में, जब सैकड़ों की संख्या में छात्र गिरफ़्तार हुए थे। छात्रों का आंदोलन किसी छोटी-सी बात को लेकर हुआ था लेकिन हालात इतने बिगड़े कि अगले साल यानी 1984 में एडमिशन की प्रक्रिया रोक दी गई। इसी दौरान जेएनयू में एक कमिटी बनी, जिसकी अध्यक्षता बिपिन चंद्रा ने की। इस कमिटी ने एडमिशन में ग़रीब इलाक़ों के छात्रों को ग्रेस मार्क्स देने की व्यवस्था ख़त्म कर दी थी।

असल में सत्तर के दशक में जेएनयू के छात्रों ने इतिहास विभाग पर आरोप लगाया था कि वह एलिटिस्ट है और विभाग में दिल्ली के स्टीफ़ंस और बंगाल के प्रेसिडेंसी कॉलेज के छात्रों को इंटरव्यू में अधिक नंबर देकर एडमिट कर लिया जाता है। आरोपों के बाद ग्रेस मार्क्स

की व्यवस्था लागू हुई थी। बिपिन चंद्रा ज़ाहिर है कि इन आरोपों से आहत हुए होंगे और कमिटी बनी, तो उन्होंने ग्रेस मार्क्स की व्यवस्था को ख़त्म कर दिया।

अस्सी के दशक में फिर से ग्रेस मार्क्स को लेकर आंदोलन हुआ और 1992 में फिर से यह व्यवस्था लागू हुई। नब्बे का दशक जेएनयू में किसी भूचाल की तरह आया होगा, इसका अंदाज़ा लगाना कठिन नहीं है। उदारीकरण की शुरुआत हो चुकी थी। बाबरी मस्जिद ढहाने की घटना हुई और फिर मंडल कमीशन के बाद उपजा देशव्यापी आंदोलन और साथ ही सोवियत रूस का विघटन। नब्बे के दशक के जेएनयू पर प्रभावों को लेकर एक अलग किताब लिखी जानी चाहिए। लेकिन सीनियर छात्रों के अनुसार, अगर किसी एक घटना ने जेएनयू को दो फाड़ कर दिया था, तो वह थी आरक्षण से जुड़ी मंडल कमीशन की रिपोर्ट और उससे जुड़े आंदोलन।

इस दौरान ही यूथ फ़ॉर इक्वॉलिटी नाम की एक पार्टी बनी, जो विशुद्ध रूप से जातिवादी पार्टी थी। यह वही समय था, जब वामपंथी संगठनों के अंदर का जातिवाद भी खुल कर बाहर आया और हर संगठन में आरक्षण के समर्थन और विरोध में स्वर बंट गए। यह भयंकर उथल-पुथल का दौर रहा, जिसका प्रभाव धीरे-धीरे आने वाले समय पर पड़ा। साल 2000 में परिषद की जीत को इस पृष्ठभूमि के बिना समझना ठीक नहीं होगा। साथ ही परिषद की जीत ने मॉडरेट लेफ़्ट को भी कैंपस में दरकिनार कर दिया।

परिषद की जीत के बाद लगभग-लगभग सिमट चुकी रैडिकल पार्टी आइसा में मज़बूती आई और यह दल एक बड़ी ताक़त के रूप में उभरा। हालांकि आने वाले समय में पूरे देश में ही लेफ़्ट कमज़ोर होता चला गया, लेकिन जेएनयू में यह बचा रहा, रेगिस्तान में नखलिस्तान की तरह। बीस साल के बाद भी परिषद अब तक दोबारा जीत दर्ज नहीं कर पाया है, जबकि कैंपस में अब प्रशासन खुलकर दक्षिणपंथी व्यवहार कर रहा है।

मेरा संपर्क जेएनयू से वर्ष 2017 में भौतिक रूप से छूट गया, जब मैं अमेरिका आ गया। मानसिक रूप से कैंपस से मैं अब भी जुड़ा रहता हूं और ख़बरों में देखता रहता हूं कि वहां क्या हो रहा है और सोचता भी रहता हूं कि ऐसा क्यों हो रहा है? ज़ाहिर है कि मेरे बाद जेएनयू में आए लोगों का भी अपना जेएनयू होगा। उनकी अपनी कथाएं होंगी। इन कथाओं में बहुत कुछ छूटा है। मसलन चंद्रशेखर या कॉमरेड चंदू, गोरख पांडे, जेएनयू में लगने वाले पोस्टर, हर स्कूल की कैंटीन, जिनकी अपनी कहानियां हैं। साथ ही कैंपस में आए भौगोलिक परिवर्तन, कैंपस के जानवर ख़ासकर नीलगाय और मोर, जिनके बिना कैंपस पूरा नहीं होता है। रिन्ग रोड, जंगल के बीचोंबीच बना ऑडिटोरियम, ब्रह्मपुत्र

हॉस्टल के पीछे की गुफ़ाओं की तरफ़ चांदनी रात की पैदल यात्रा। कितना कुछ छूट जाता है लिखते हुए और कितना कुछ याद आता है।

लेकिन कथाओं को कहीं न कहीं विराम देना होता है इसलिए मैं इस कथा को इस उम्मीद से विराम देता हूं कि हर छात्र अपनी यूनिवर्सिटी को जिए। ख़ुद बेहतर हो और अपनी यूनिवर्सिटी को बेहतर करे। अपनी-अपनी यूनिवर्सिटी की कथा हर कोई लिखे।

• • •